体育五千年

叱咤风云的体育人物

赵 鑫 黄 岩 杨春辉 / 编著

吉林人民出版社

图书在版编目(CIP)数据

叱咤风云的体育人物 / 赵鑫, 黄岩, 杨春辉编著. -- 长春：吉林人民出版社, 2012.7
（体育五千年）
ISBN 978-7-206-09184-1

Ⅰ.①叱… Ⅱ.①赵… ②黄… ③杨… Ⅲ.①体育工作者－生平事迹－世界 Ⅳ.①K815.47

中国版本图书馆CIP数据核字(2012)第161396号

叱咤风云的体育人物
CHIZHAFENGYUN DE TIYU RENWU

编　　著：赵　鑫　黄　岩　杨春辉	
责任编辑：李沫薇	封面设计：七　洱

吉林人民出版社出版 发行（长春市人民大街7548号 邮政编码：130022）
印　　刷：永清县晔盛亚胶印有限公司
开　本：670mm×950mm　　　　1/16
印　张：13　　　　　　字　数：150千字
标准书号：978-7-206-09184-1
版　次：2012年7月第1版　　印　次：2023年6月第3次印刷
定　价：45.00元

如发现印装质量问题，影响阅读，请与出版社联系调换。

目录
CONTENTS

古代先哲与体育 ·················001

"叛逆者"的"背叛之路" ··········003

诗人与运动员兼得 ···············006

千次扛起荣誉的大力士 ···········010

力大无穷的豪侠 ·················013

传奇般的大力士 ·················017

马可·波罗的游记 ················019

寻师问道的彼得大帝 ·············021

将帅的体育情结 ·················023

"标准钟"与康德 ················026

体操家与文豪 ···················029

长跑探险怪杰 ···················032

黑人的夺冠之路 ·················034

包跑天下的路易斯 ···············038

歌王的运动之旅 ·················040

龙登云为国扬威 ·················044

巴甫洛夫与体育科学 ·············048

崭露头角的亚洲面孔 ·············052

世纪最佳冠军 ···················054

世纪最佳巨星——欧文斯 ·········057

英雄加冠军的风采 ···············060

钟爱体育的将军——张学良 ·······062

杰出的奥运当家人——萨马兰奇 ···064

夫妻双双把金夺 ·················068

世界顶级大力士 ·················071

目录

CONTENTS

出色的运动家杨传广 ·············· 074

明星制造坊 ·············· 079

创世界纪录的第一人——陈镜开 ·············· 083

栽种世界冠军之花的园丁 ·············· 086

走运动生涯路的总统们 ·············· 092

勇于开拓的教头——徐益民 ·············· 097

摩西的不败之旅 ·············· 099

格言以明志的科马内奇 ·············· 101

体操王子李宁 ·············· 103

尤伯罗斯的创举 ·············· 109

"詹森现象"与詹森 ·············· 111

神童冠军 ·············· 114

创造世界纪录的机器——布勃卡 ·············· 117

亮出体育牌的政治家 ·············· 120

老而不衰的人类英豪 ·············· 122

塞纳的铁血精神 ·············· 124

建奇功的侯树英 ·············· 128

罕世奇功大师 ·············· 131

巨星与名医的化身——海登 ·············· 134

与死神对弈 ·············· 136

西部牛仔的冠军之路 ·············· 140

非凡的腾越 ·············· 144

"出师未捷身先亡" ·············· 147

美国的首枚金牌 ·············· 151

创建"NOA"的历程 ·············· 153

目录 CONTENTS

横杆上的"巴拉斯时代" ……………………157
世界泳坛第一人 …………………………159
跳水王子 …………………………………162
短跑赛场黑珍珠 …………………………169
牙买加"女飞人" …………………………173
"飞行的家庭主妇" ………………………175
俄罗斯首席"体操皇后" …………………176
游泳池中的"叛逆女王" …………………177
"投掷项目女金刚" ………………………178
奥运赛场的"金牌新娘" …………………179
花样双人滑"冰舞皇后" …………………180
胜率最高的"网球女王" …………………181
"网坛铁金刚" ……………………………182
跳高史上的传奇人物 ……………………183
短跑王国的"田径女皇" …………………184
女子短炮的"黑色闪电" …………………185
完美让电脑失灵的体操公主 ……………186
最具传奇色彩的皮划艇冠军 ……………187
全能项目的"女刘易斯" …………………188
花样单人滑"冰上皇后" …………………189
短距离跑与跨栏完美结合的"女飞人" …190
"泳坛皇后" ………………………………191
女子网球"金满贯"的唯一得主 …………192
"体操锦标赛皇后" ………………………193
无可争议的"射箭女皇" …………………194

目录 CONTENTS

最伟大的长距离游泳女选手 …………………………… 195

短距离游的"荷兰女飞鱼" …………………………… 196

"仰泳皇后" …………………………………………… 197

当今世界速度最快的单人航海家 ……………………… 198

体操台上的"冰蝴蝶"和"高低杠女王" …………… 199

喜欢马术的"瑞士网球公主" ………………………… 200

世界上腾空最高的"撑竿跳女皇" …………………… 201

实力加时尚的网坛美女 ………………………………… 202

古代先哲与体育

恩格斯说:"没有希腊文化和罗马帝国所奠定基础,也就没有现代的欧洲。"在体育方面,古希腊人也达到了古代世界高峰。古希腊体育和古奥运会为人类留下了宝贵的遗产,对世界体育发展有着非常深远的影响,而崇尚智慧的希腊人也为我们留下许多宝贵的精神财富。今天体育科学的不少基本问题,都可以在古希腊哲人言论和实践中找到它们的萌芽形式。这些大学问家、哲人,如德谟克里特、苏格拉底、柏拉图、亚里士多德,就是杰出的代表人物:

德谟克里特(约公元前460—前370年)。精通数学、物理学、医学、音乐、语言学。他在任执政官期间,经常在花园里正坐在石头上,把一幅纸草卷在膝盖上,专心地写着。有时放下笔,走到屋檐下拿起动物内脏看看,再放原处。被人发现当成"疯子"硬拉去看"病",实际上他在钻研解剖学和生理学。他一生十分注重体育,他认为人应该"是自己健康的主人"。他破天荒提出"物质是永远存在"的光辉思想。他十分喜爱旅游,游历很广,到达埃及和东方各地。他十分注重健身和保健,使得一直身体健康并获得长寿,终年90岁。

苏格拉底(约公元前466—前399年)。在公元前399年的一天黄昏,雅典监狱里一个衣衫褴褛、赤着双脚的老人,接过狱卒给他的一杯毒酒,从容地一干而尽,然后他躺了下来,笑着对前来告别的朋友说:他曾经吃过邻人的一只鸡,还没有付钱,请代为偿还。说完,老人闭上双眼离开人间。这个老人就是希腊著名哲学家苏格拉底。他是靠自学成材的人。他以

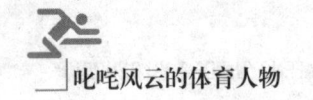

传授知识和道德为生，常常说："我只知道我自己一无所知。"苏格拉底一生过着艰苦生活，无论酷暑严寒，他都穿着一件普通单衣，经常不穿鞋子，他有意识磨炼心志，锻炼身体。他认为，保持身体健康，随时准备入伍是公民的天职。他还说："不能表现出身体的力量和美是一种耻辱。"

柏拉图（公元前427—前322年）写了一本名叫《理想国》的书。在书中把全国人分三个等级：有智慧人（哲学家，统治一切）；勇敢的人（武士，保卫国家）；农民和工商业者（从事生产劳动人）。为了建立这样一个国家，柏拉图跑到西西里岛的叙拉古城，想说服统治者，建立一个由哲学家管理的理想国。这位暴君却将柏拉图卖到外地当奴隶。后来，花了好多钱才把他赎回来。回到雅典后他开办了柏拉图学园，门口挂着一个牌子"不懂几何学的免进！"他积极地去雅典体育馆讲学，提出"以体操锻炼身体，以音乐陶冶心灵"的教育理想。他认为，要保卫城邦而锻炼成体魄刚健的战士，并要为完美和谐发展的人而健身。他强烈反对运动竞技职业化。他身体力行，经常积极参加运动锻炼，特别爱好角力运动，他还曾作为角力选手在伊斯特摩运动会上获得冠军。

亚里士多德（公元前384—前322年）。公元前322年一个风和日丽的早晨，一位60多岁的老人在雅典郊外树林里散步，散步是他一生坚持风雨不误的锻炼，他举止优雅，双目悠闲地扫视着美妙的自然景色。跟在他后面的是他所创办的吕克昂学园高年级学生，有十几个人。亚里士多德主张青年学生到大自然中去自由讨论问题，人们称他们师生为"逍遥学派"。亚里士多德是柏拉图的学生，是全希腊闻名的大哲学家。他的学问非常渊博。他写了将近1000部著作，是古希腊"最博学的人物"。他热爱体育并对体育功能、体育教育等方面都颇有研究。他亲自去雅典体育馆讲学，指出在教育中应把体育放在首位，按照身体、欲望和思维这种发展顺序进行教育。他还说："在教育上，实践必须先于理论，而身体训练须在智力训练之先。"他明确提出："要进行多方面和谐发展教育和分段教育，主张少年儿童阶段应特别重视体育，但要避免过度训练。"

亚里士多德一家都为马其顿王室服务，他父亲是王宫里的医生，他本人则是当年12岁少年驯烈马而闻名的亚历山大太子的老师。亚历山大即位后，亚里士多德来到雅典办学，他首先提出对青年学生必须进行"智育、德育、体育"三方面教育，体育是为了培养强健体魄，德育是为了培养自尊心和勇敢豪放性格。他一生按照和谐发展的教育思想培养出一大批像亚历山大这样的杰出人物。

亚里士多德还在教课之余，写了许多哲学著作，他认为"形式和物质是不能分离的"，"生命和世界都在运动，没有运动就没有时间和物质"。

亚历山大陛下逝世后，雅典人疯狂反对马其顿统治。作为亚历山大的老师，他在被逮捕者之列。有人告诉他要逮捕他。

"唉，看来我这个逍遥派的创始人，到头来还得逍遥啊！"亚里士多德长长叹了一口气说。

第二年夏天，这位古希腊最伟大的哲学家，在凄凉的境遇中死去。

"叛逆者"的"背叛之路"

颜习斋是中国明末清初的一位杰出的思想家和教育家，他本名颜元，1635年生于河北博野县，1704年去世。

颜习斋从小刻苦学习，并且兴趣十分广泛，从文学、历史、经济、医药到兵书、武术、导引，都进行过学习和探讨。他以学识渊博闻名一方。颜习斋不仅懂得怎样求学问而且还深刻懂得应该用"习动"（即体育运动）

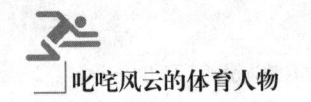

来养生的道理。他从20岁起就在自己家里办学堂，直到老年，从事教育事业长达46年之久。

起初，颜习斋所信奉的是"程朱理学"，后来有一件事却使他对这套束缚思想的封建理学发生怀疑。事情是这样的：颜习斋的父亲因幼年家贫，给一个姓朱的人当义子，后来当兵死在关外。颜习斋是他的义祖父母抚养大的。按照"朱氏家训"的礼法，在守丧期间，对于吃饭、睡觉和哀哭都要遵循许多烦琐规定。如出殡前不能在原屋睡觉，人死后拖好几十天才能出殡，出殡以后儿孙要守丧数年。颜习斋原以为这是古礼成规，就依法行事。他本来终日静坐读书，身体已渐虚弱，再加上这番折腾，结果害了一场大病，头昏呕血，卧床不起。在病中他反复思考，觉得这些毫无意义的习俗和死抠书本的学习方法，严重损伤了身体健康，实在是要不得。于是，对程朱学派所鼓吹的"静坐读书"等一套严重脱离实际的教育思想和方法产生了怀疑。经过一段深入思考和实践，终于使自己的教育思想、学术思想发生根本性转变。他提出"思不如学，学必以习""兀坐书斋，人无一不脆弱"的主张。为了表示自己重视实践的决心，在他34岁那年，把他的书房"思古斋"改名"习斋"，并自号颜习斋。从此以后，他在教学中特别强调学与习的结合，提倡"养身莫善于动"。颜习斋在40多年的教育实践中坚定地主张文武结合。他自己也身体力行。他精通射箭、骑马、技击、武术运动。在他61岁时还亲自当"体育教师"为学生上"舞蹈"和"举重"课，并且还参加运动竞赛。因此，人们说他老年"愈益康健豪迈"。

颜习斋热爱体育，提倡体育，流传着许多动人故事：在他36岁那年腊月，颜习斋同马逸带几个学生一起骑马去曲阜出游。旅行途中，马突然受到惊吓，狂奔乱跳起来，烈马惊群很难控制，同行人都惊慌失措，面如土色，有的静卧在马背上，一动不敢动，有的惊叫起来，还有人跌下马去，而颜习斋却任烈马疯驰狂奔，毫无惊慌之色，他不仅在马鞍上安然自如，而且还镇定地指挥着别人，帮助大家脱离危险。

颜习斋不但骑术高超，而且射箭技术纯熟。有一次颜习斋带领学生到野外举行射箭比赛，他首先出场领射，动作娴熟，表情镇定自如。只见他连发六箭，箭箭射中靶心。而学生中射得最好的，才只射中两箭。大家都称赞颜老师是"神箭手"，而颜习斋却闷闷不乐。当学生问他为何不高兴时，他心情沉重地说："青出于蓝而胜于蓝，我应教出胜过我的学生，而现今你们不如我射得好，岂不是我教育的失败。"学生们听到老师自责，都纷纷认错。随后颜习斋讲述了"一身动则一身强，一家动则一家强，一国动则一国强，天下动则天下强"的道理。在颜习斋这种言传身教下，他所培养的学生，大多数成为文武兼备的人才。

在颜习斋56岁时，他还远赴商水拜访武术家李天木。当李天木练完几套拳术后对习斋说："咱们演习一下刀术好吗？"于是两人折一根竹子劈成两片，以代钢刀，在月下比试起来。起初李天木自恃是一方名家，一向少有对手，对颜习斋并不在意，但一交手，见颜习斋很有功夫，动作稳健并无破绽，便也认真对待，拿出真功夫。颜习斋本来是来学习，怀着以武会师心愿，自然认真比试。开始对打尚轻飘缓慢，犹如行云流水，尔后渐渐加快，两人竟打得难解难分，打了几十个回合，不分胜负。颜习斋这时虚晃一着，乘机来个"刀劈华山"，又猛又快，李天木躲闪不及被一刀击中手腕。李天木大吃一惊，立即丢了竹刀，吃惊地说："我以为先生是儒生学者，未想到武艺竟然如此高明。"说完，李天木倒身下拜，颜习斋赶快扶起，从此二人结为深交。

颜习斋在晚年曾为漳南学院提出一个"教育计划"，分设"文事"和"武备"等科。将射御、技击作为课程内容。他对宋朝以来，重文轻武之风非常不满，他说："宋家每论人，先取不喜兵，能作文读书。"他认为这

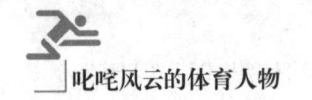

是"不可疗之痼疾也"。

颜习斋这些有关体育的思想在当时是先进的、可贵的，在现在对我们也有一定启示。他那注重"习武"的健身和教育实践，更给后人以深刻影响。

诗人与运动员兼得

普希金（1799—1837）是俄国的伟大诗人。他的诗篇，享有"俄罗斯儿子的心声"的荣称，无论在俄国历史或是世界文学史上，都有很高的地位。

普希金同时也是一名优秀的运动员。看到他的画像，可以知道他是一个体格健壮的美男子。他时常为自己的身体感到自豪，并且认为自己不断涌出的诗泉与强健的体魄有不可分割的关系。

凡是普希金的朋友都说这位大诗人是一个朝气蓬勃、兴趣横生、具有卓越工作能力、心胸畅快的人。这位诗人的仪表、身材和举止颇惹人注意。他的朋友巴尔吉涅夫是这样描述他的："普希金性格倔强，身材出众，体魄强健，两腿特别有力。"无论在体力或脑力劳动中，他那敏捷的行动和巨大的耐力，令人惊奇。

这些都是他经常坚持体育锻炼的结果。他在诗中写道：

需要什么？先生们，要运动！

……克利姆，你瞧，精神萎靡、娇柔孺弱、疾病缠身的人，临床而卧；

那些鬓发衰老的人
终日满腹忧愁，凭椅而坐；
我的朋友们！拿起你的手杖
去穿越森林，跋涉山坡；
爬过陡峭的山冈，攀登顶峰——
那么你在深夜就能进入甜蜜的梦乡。

　　普希金经常练体操。他的朋友——作家普列特涅夫在自己的回忆录中写道："普希金的身体非常结实，这与练体操很有关系。即使步行很快、很久，他仍然能泰然自若地平静地呼吸。他很重视身体的健康，发现某人不懂身体构造，不锻炼身体时往往表示愤慨。"他的另一个朋友安宁科夫说："年轻的普希金由于练习体操，浑身肌肉发达，筋骨坚韧。"练习体操，在花园里操作，特别是长距离徒步旅行，是普希金日常生活的组成部分。他在脑力劳动疲倦的时候，就进行体育活动——积极性休息。

　　不论哪一种劳动，这位诗人都很热爱。他的最亲近的朋友甫亚泽姆斯基说："在他看来，劳动是神圣的。它可以消除疾病，培养朝气蓬勃的精神，增强体力。""在写作之余，特别是在郊区的时候，他出奇地喜欢在田间操作，做垅、植树种花、挖掘池塘。"普希金喜欢徒步旅行，常常步行很远的路程，直到筋疲力尽。但是，在行路的时候，他还考虑自己的作品。安宁科夫说，普希金是一个不知疲倦的徒步旅行者，往往徒步往返于彼得堡和沙皇村之间。

　　"沙皇村中的回忆"的构思，也许就是在他某一次步行中形成的。

　　1835年9月间，普希金写信给妻子说："我开始散步已经三天了，或者步行或者骑马。"他在闲暇的时候，总是喜欢步行，一天要走很多路，很少坐马车。当他流放在别萨拉比亚的时候，常到四周风景优美的地区进行

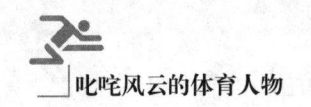

长距离徒步旅行。天刚破晓，他就起身，带着铅笔和画本到田野里去游逛；他能走很多路而不觉疲劳。他手里还常常拿一根铁杖（重九磅），一面走一面把杖抛到空中，再用手接住它；或者使劲把它掷到前面，走近时捡起来，再往前掷，农民们对他这种独特的运动都感到惊奇。当时有人问他，为什么走路时拿这样重的铁杖。普希金回答说："为了使两臂有力，假如要用枪射击敌人的话，两臂就不会颤动。"

诗人的另一种爱好就是骑马。朋友们对他的骑马技巧评价很高。他有一次在给诗人甫亚齐姆斯基的信中说："我用跌伤的手给你写信，是在冰上跌的，不是从马上跌下来受伤的，要知道骑马是我的拿手好戏。"年迈的基希涅甫人至今还欣赏普希金的马术，说："他从来没有从马上跌下来过。"

骑马运动和徒步旅行增强了普希金的体质。他在克里米亚和高加索山区，在别萨拉比亚草原上骑马长途旅行，不觉疲劳。

普希金对射击运动的兴趣不亚于骑马。他在任何时候，任何地方，都没有停止过练习射击。他的手枪射击几乎百发百中。在别萨拉比亚的时候，普希金每天早晨都要练习射击和跑步。在与自己的情敌决斗时，他被对方违约射中腹部，倒地之后，还能用枪击伤对方的手臂。可见他射击技术的高明。

普希金对击剑运动也颇有研究，而且擅长花剑。他是当时著名击剑教练华利维尔的得意门生。在19世纪初叶的俄国，还刚开始有拳击和游泳运动，普希金就对它产生了浓厚的兴趣。他是俄国最早掌握拳击艺术者之一。他不但自己练，还指导别人练。甫亚齐姆斯基在自己的回忆录中写道："普希金教我练英国式拳击，于是我对拳击产生了很大的兴趣。尽管有不少人反对拳击，但决不能使我对诗人普希金亲自教我拳击产生任何怀疑。"

普希金热衷于游泳。他曾经倾慕英国诗人拜伦，为没有像拜伦那样横渡过达尼尔海峡而表示遗憾。他的同代人苏霍金于1835年在涅瓦河游泳时遇见了普希金。苏霍金和他的兄弟每天到涅瓦河游泳池去游泳。有一回，他在水中打滚，没有觉察到身边游来了一个头发卷曲的人，这人用响亮的但是亲切的声音说："我来告诉你游泳的方法，你的两臂不该那么摆动，应当像蛙那样划水。"这人给苏霍金表演了游泳的方法之后，马上就游到别处去了。事后苏霍金才知道，这就是大诗人普希金。

普希金经常把游泳和冷水锻炼结合在一起。他可以称得上是真正的冷水锻炼爱好者，是现代冷水锻炼的先驱者。他以苏沃洛夫元帅的冷水锻炼作为自己的榜样。清早起身后，他的第一件事就是洗冷水浴，然后骑马驰骋数俄里，然后到澡堂去洗澡，总要进行蒸气浴，接着又进行冰凉的冷水浴。在夏季，游泳是他最喜欢的运动之一，他一直游到深秋，以后就进行冷水浴。普希金一生中坚持了冷水锻炼，还在自己作的朗诵诗中歌颂寒冷对人体的好处。

每到秋天，我就像鲜花盛开，
俄罗斯的寒冷有益我的健康。
我又体验到对生活的热爱，
我重新觉得幸福、年轻，充满希望……
寒冷刺骨的严冬
对俄罗斯人的健康有益，
寒冷与热血
使我们的面颊变得比玫瑰还红。

由于长期进行冷水锻炼，普希金很少感冒。他的朋友普希恩有一次在

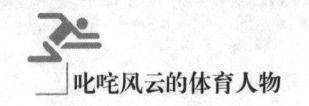

北风呼啸的严寒里去访普希金,看见他赤足站在台阶上,只穿一件单薄的衬衫,两臂上举,正在做操。普希恩见了大为吃惊,于是走出雪橇,把他拉进屋子里,说:"院子里冷得可怕啊……"

伟大诗人喜欢所有的冬季运动项目,特别是滑冰与滑雪,19世纪30-40年代,彼得堡开设了第一个滑冰场。普希金成为这个冰场的常客,是当时最积极的滑冰爱好者之一。

普希金是伟大的诗人,也是一个全面发展的运动员和天才歌手,他那嘹亮的歌喉、卓越的运动技巧和健壮的体魄,如同他的不朽诗篇一样,为人所钦佩。

千次扛起荣誉的大力士

古希腊有一位被神化了的古奥运会英雄,他就是大力士神泰阿该奈斯。

相传他是力大无比的赫拉克勒斯神的儿子。传说有一天,泰阿该奈斯的母亲在赫拉克勒斯神殿同力大无比的神过了一夜,因而怀孕生下了泰阿该奈斯。人们把他当作神来崇拜,不但在奥林匹亚为他建了雕像,而且在他死后又在故乡为他建了雕像。

传说他生前有一个竞技对手,他们多次交锋,泰阿该奈斯总是以绝对优势获胜,但泰阿该奈斯死后,这位对手每天晚上打这尊雕像,像打泰阿该奈斯一样。有一天晚上,他正在打雕像时,突然雕像倒塌,把这个男子压死了。他的儿子便告泰阿该奈斯雕像杀人罪,根据当地法律应处以杀人者流放罪,于是法官将雕像投入大海。自此,塔索斯岛(泰阿该奈斯生地）不断遭到天灾，谷物绝收、牲畜死亡，人们忍饥受饿。执法官无计可施，求助于神，神的使者提醒他：

"你们不要忘记沉睡在海底的伟大的泰阿该奈斯！"

人们赶快派出船只，在大海里打捞泰阿该奈斯神像。找到神像后放回原来基坐上，于是灾荒停止。从此，泰阿该奈斯成了免除灾难和治疗疾病的神，不但在塔索斯岛有他的雕像，而且在其他地方也建他的雕像。

上面的传说，反映了人们愿望的神话故事，自然泰阿该奈斯是个被神化的人物。然而，在古希腊确有位大力士泰阿该奈斯，他是一位获取过多次古奥运会冠军的真实人物。这位传奇人物创造了许多惊人的奇迹。

在希腊半岛沿岸星罗棋布的岛屿中，有一个塔索斯岛，在该岛的中心广场上，竖立着一尊威严的宙斯神像，乡亲们将它奉为本岛的保护神，经常供奉，祈求在神的庇护下过和平幸福的生活。

有一天，市民们忽然发现最崇敬的众神之父宙斯神像不见了。只剩下底座孤零零地留在那里。事关重大，人们涌到广场上议论纷纷。执法官立即追查原委。这时有一位金发少年举报说，他见到有一个叫泰阿该奈斯的孩子在夜间将雕像搬走了，并自愿当向导带大家去找他。执法官和围观市民虽都不敢相信，一个孩子怎么能搬走这么重的雕像？但为了弄出个水落石出，便随这个少年而去。

泰阿该奈斯听到喧闹声走出家门，他宽大的身躯遮住了门扉，一头美丽的秀发在阳光照射下闪闪发光。面对执法官和众多父老乡亲，表情自然，毫无惧色。

"泰阿该奈斯，你知道广场上宙斯神像现在在哪里吗？"

"在我院子里。"泰阿该奈斯听到执法官发问后，平静的回答道。

"你为什么要这样做？你能告诉我，你是怎样把它运回来的？"

"谁也没有帮我，是我自己将它运回来的。昨天，我和朋友比力气，

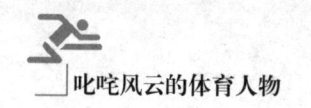

我说我能把神像搬走,他们都不相信,笑我说大话,骂我吹牛皮。现在神可以证实我泰阿该奈斯没有撒谎,我说得到做得到。"

泰阿该奈斯理直气壮的说,并不觉得做错了事。

执法官仔细地打量这孩子,只见他虎背熊腰,钢铁一般的臂膀、真诚而清澈如水的眼睛,相信他会有非凡的力量。

这时,泰阿该奈斯的父亲泰莫斯特奈走到执法官面前跪地代儿子谢罪,并说:

"我的儿子犯了重罪,甘愿受罚,但他只有12岁,不懂事理,请求宽恕,他自己做事让他自己挽回。"

"你的儿子犯了大罪,但念他年幼无知,从宽处置,只要他把守护神宙斯的神像重新放到广场的基座上,便免于刑罪。你和我一起向神祈求,请神宽恕他吧!"

听到执法官决定后,泰阿该奈斯马上起步走到院子里,把宙斯雕像用力扛在肩上,一步一步向广场走去,身后留下了深深脚印。群众像祭祀行列似的跟随着他的后面,回到广场,只见他把神像平稳地放回原处,四周立刻响起暴风雨般的掌声,都为他这个神力少年知错改错而高兴。

执法官也对他父亲说:"把孩子领回家吧,他已完成了我的要求。"又对泰阿该奈斯本人说:"你是神的儿子,神给了你巨大力量,你要为城邦扬名,要为你父亲增光。你一定要在未来的奥林匹亚竞技会上大显身手。"

泰阿该奈斯回家后果然听从执法官的话,主动去运动训练中心接受指导。他的天赋在刻苦训练中得到充分发挥,运动技术进步很快。过了几年工夫,他就成为远近闻名的优秀竞技选手。特别是在公元前480—前466年之间的75届、76届、77届、78届连续四届奥林匹亚运动会上获得拳击、摔跤、潘珂拉蒂奥(古奥会运动竞赛项目,可拳打脚踢)三项优胜。他力大无比，凡是角力项目均获冠军。有人统计，他在一生祭祀竞技中共获得1300余次优胜，这是古奥运会上独一无二的。因此，他成为希腊家喻户晓的英雄，并且人们还将这位大力士神化。这样才产生了上面所说的神话传说。在雅典古奥运会所立的优胜者碑和奥运会从古到今简史中都记载了他的名字和事迹。

力大无穷的豪侠

两河流域是世界古代文明的摇篮之一。亚洲西部的幼发拉底河和底格里斯河从西向东南平行流入波斯湾的中间地带，是经长期冲积而成的美索不达米亚平原。公元前30世纪这里出现奴隶制城邦，已经出现专门培养贵族子弟的宫廷学校，人类的赛车、骑马、剑术等可以在这里找到源头。体育教育也培养出一些身体强健、魁梧英勇、力大无穷的英雄人物，这在《吉加美士史诗》文学著作中有所反映：传说中的吉加美士，是古代乌鲁克城（今伊拉克南部）的一位英雄。他力大无穷，到处惹祸，弄得乌鲁克居民不得安宁。天上神仙知道了这件事，就派了一个勇猛的豪杰下凡，解救人民。

这个豪杰名叫安吉杜，生长在草原上，从小同野兽居住在一起。他心地善良，总是帮助野兽逃脱猎人的捕捉。后来，他来到了牧人们的村庄居住，又保护家畜不受野兽袭击。当他听到吉加美士的事情以后，决定去和他角斗。

安吉杜和吉加美士打得难解难分，谁也不能战胜谁。真是英雄爱豪杰，豪杰惜英雄，两人从此成了好朋友，决心共同为乌鲁克的百姓造福。他们打死了伤人的狮子，除掉了许多害虫。

乌鲁克附近一片平原，气候干燥，树木很少。老百姓要造房子，却没有木材。吉加美士就约了安吉杜一道到森林里去采木料。但是，森林里有一个妖怪把守着，不让他们进去。吉加美士在一场惊险的搏斗中，把妖怪打死了，这样，就替乌鲁克的百姓除了一害。

回来的路上，遇到一件奇事。

突然，从天上降下了一个女神仙。她矫揉造作地走到了吉加美士的身边，因为她很爱人间的这个英雄。

"小伙子，你看我美不美？"她拦住了吉加美士的去路。

"去你的！"吉加美士愤怒地说。他知道这女神不怀好意。

"你娶了我，就能永远享受荣华富贵。"

"去你的！"

"你不答应我，我就要叫乌鲁克全城的老百姓吃苦头！"

"去你的！"

女神仙觉得受到了莫大的侮辱，愤然飞回天上，同各位神仙商量之后，决定派一只凶恶的牛精到乌鲁克去。这牛精会喷火，只要它一张开嘴，喷出的火焰就能烧死几百个人。但是当它一到人间，就挨了吉加美士和安吉杜两人的痛打。女神仙得知此事，急忙带了许多女仙童来救它，不料，这只牛精已经被活活撕成两半。英雄吉加美士和豪杰安吉杜两人，又替人民除了一害。

女神仙的毒计失败了，只好在乌鲁克城头痛哭。安吉杜无情地耻笑她，一把扯下了牛精的大腿，挥手扔到女神的脸上。女神的脸溅满了血迹。

"哈哈！"安吉杜大笑着说："你听着，你要是被我抓到了，我也要像对它一样收拾你！"

女神仙气得脸色也变了。

接着，安吉杜又扯破了牛精的肚子，把牛精的肠子拉了出来。这肠子活像一根又长又粗的绳索。

"哈哈！"安吉杜又大笑着说，"你来吧，我要是抓到了你，就要用牛精的肚肠把你捆绑起来！"

女神仙气得浑身发抖，带了她的一帮子手下飞回天上去了。她向天上各位神仙诉说了安吉杜亵渎神仙的行为。神仙们一致决定，要处罚安吉杜。

安吉杜从此得了重病，病中还被神仙用种种的噩梦折腾着。他面色变黑，眼睛也睁不开，耳朵也听不见，看来快要死了。吉加美士守护在旁边，伸手一摸他的心脏，已经停止了跳动。为人民除害的豪杰安吉杜死了，英雄吉加美士的泪水像瀑布一样流了出来。他扑在好友的身上，号啕大哭起来。

"人为什么要死呢？"吉加美士悲戚地大呼。

安葬了他的好友之后，英雄决心去找神仙老祖——一个唯一没有给洪水淹死，而后来成为神仙首领的人。

"吉加美士，你是找不到神仙老祖的，不要去吧！"当人们看见他在沙漠里向前狂奔的时候大声劝阻地说。

一只巨大的蝎子精爬过来了，张开了它的毒螯。吉加美士巧妙地避过了它。

前面没有路了，吉加美士朝地洞里钻了进去，继续赶他的路。

"吉加美士，你是找不到神仙老祖的，不要去吧！"天上的一个神仙劝阻他说。

"我什么也不怕！"吉加美士仍然向前狂奔。

前面是死水，一片汪洋大海，无边无际，谁要是到这水里去，就会死掉。吉加美士说服了一个船夫，一起划船前进，终于到达了神仙老祖的居住地——幸福之岛。"尊敬的神仙老祖，人可以永远不死吗？"英雄问道。

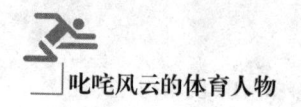

"你看到过永远不坏的房子吗？你看到过永远不分离的兄弟吗？上天规定每个人都要死的，沉睡的人与死人又有什么区别呢？"

"您为什么可以成为长生不老的神仙呢？"

"那时，神仙们要毁灭人类，洪水暴发了。幸亏有一个善心的神仙向我泄露了秘密。"

"那么，您能告诉我永远不死的秘密吗？"

"海底里有一株青春草，你能潜水把它取来，就可以长生不老了。"

"我马上去！"英雄一下子跳到海里，潜到海底，把青春草取到了手。

"吃了这草，你可以永远不死了！"神仙老祖的话在英雄耳边响着。但是，他想到了乌鲁克城还有千千万万和平善良的百姓。于是，他决定要把这株仙草带回城里去，让他们每一个人都长生不老。

"我不能只想到自己一个人，要和广大的兄弟姐妹们共享幸福！"英雄一边狂奔，一边笑着说。

前面是片沙漠，英雄继续向前狂奔，终于看到了一条泉水。这时，英雄的身上全是汗水和灰尘，他就把仙草放在岸边，纵身跳进水里洗澡。

当他洗完了澡走上岸来的时候，仙草已经没有了。这一下可急坏了英雄。他到处寻找，只见旁边一条衰老的蛇正吃着这株仙草。英雄马上奔了过去，只见这条老蛇蜕掉了它的外壳，青春焕发地飞快游跑了。

"看来蛇可以蜕皮永生了，而我们人类只能注定要衰老和死亡！"英雄叹了一口气说。

他继续向乌鲁克城的方向奔跑，因为，他一刻也不能同人们分开……

长诗《吉加美士》所塑造的英雄，是体魄健美、力大无穷并具有为了人民事业勇敢无畏、坚韧不拔奋斗的精神。《吉加美士》长诗也反映了古代人民追求青春常驻的美好愿望，从这个意义上说，《吉加美士》长诗所塑造的正是古代健美英雄的典型形象。

传奇般的大力士

古代奥运会的火炬已经熄灭1000多年，然而有关它的轶事仍在民间广泛流传，特别是那些深得人心的冠军，被当作英雄崇拜。他们的事迹也染上了神奇色彩，下面介绍几个超级大力士的传奇。

普里达马斯

出生在塞萨利城的普里达马斯，曾经获得古奥会的拳击和摔跤冠军。他那千钧铁拳和高超的摔跤技术，曾经使无数英雄好汉拜倒在他的脚下。

某一天，普里达马斯独自在草地上漫步，突然，一头雄壮的公牛从眼前狂奔过去，接着听到一个老妇人焦灼的叫喊："抓住它！帮我抓住它啊！"

普里达马斯扭头一看，哦！那头发疯的公牛直朝汹涌的大河跑去，顷刻之间便可葬身在波涛之中。普里达马斯撒开一双"飞毛腿"，闪电般的向公牛追去，几分钟后，普里达马斯在河岸上赶上了那头牛，他手疾眼快，伸手抓住了公牛的一条后腿，立即，那头狂奔的公牛便动弹不得了。还有一次，几个朋友和普里达马斯打赌：假如普里达马斯能抓住飞驰中的马车使它停下来，他们将请普里达马斯开怀畅饮一桶陈年美酒，如果输了则加倍偿还。

普里达马斯还未来得及答应，一辆套着三匹马的马车从他们身边飞驰而过，普里达马斯不由分说，几个箭步蹿上去，霎时间，他铁钳般大手抓住马车靠背，在喀—喀—喀的响声中，飞旋的马车停了下来。

普里达马斯赢了！

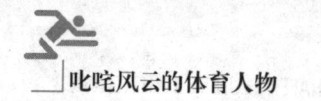

米诺

生在公元前6世纪的米诺，是克罗顿城邦的人。这个超级大力士块头大、胃口好，他一顿要吃7磅肉、7磅面包，还要饮五夸脱（约5公升）酒。据说在某次古奥运会庆功宴会上，他一人吃光了一头4岁的小牛。

米诺的握力很大，他一攥铁拳，任何人休想把它扳开。有一次，一个败在米诺手下的大力士提出了苛刻的条件，他要米诺把一只石榴捏在手心，然后他来扳米诺的手，如果石榴捏出汁来，米诺就输了。米诺爽快地接受了挑战。结果呢，尽管那人使出九牛二虎之力，米诺的拳头仍然像铁铸一般，而那石榴在手中安然无恙，连一滴汁水也未流出来。

据说这位神力可畏的大力士死得既离奇又惨烈：

在森林中闲逛的米诺，发现一棵参天古树上深嵌一把斧头，这斧头不但造型美，而且锃亮闪光，很惹米诺喜爱。米诺用他的钢指扳开了裂缝，斧头松落在地上，不料他的手却夹在树缝之中，再也无法抽出，结果这位盖世英雄，被一群饿狼吃掉了。

米隆

古希腊传奇英雄米隆是公元前540—前516年间获6次古奥运会冠军获得者。米隆出生于希腊克罗项。童年时他常跟家里的牛犊嬉戏，一天从中受到启发，何不用这种特殊的抱牛犊方法锻炼身体，增进力量，于是每天坚持举牛犊。开始小牛体重很轻，随着小牛体重天天增加，米隆所举的重量也在不断增加。就这样，一直到小牛长成大牛，米隆尚能高高举起。通过这种原始的，但是循序渐进的训练方法，米隆的肌肉发达起来，体力也大大增强，终于成为远近闻名的大力士。

马可·波罗的游记

大家都听说过"丝绸之路"吧？"丝绸之路"是由向西从中国中原出发，经过河西走廊、中亚细亚、两河流域，到达小亚细亚。它是中国古代商人将丝绸和丝织品大量运往西方的要道，所以也叫"丝路"。丝绸之路可绝非用锦绣丝绸铺成的，它是一条十分艰难险阻的路，古往今来许多大旅行家都以能沿着丝绸之路走一程引以为荣。1271年，意大利杰出的旅行家马可·波罗（当时马可·波罗只有17岁）就随父亲和叔叔不远万里，由西往东，历尽千辛万苦，走了三年半，到了中国。受到元世祖忽必烈款待。

马可·波罗年轻机灵，很快就熟悉了元朝宫廷里的礼仪，还学会了蒙古语、汉语，办事认真又谨慎，受到忽必烈重用，派他当钦差，到云南办事，回到宫中向忽必烈讲述了自己所见所闻，忽必烈觉得很有趣，也很爱听，于是就经常派他出去办事。他先后去过山西、陕西、四川、云南、浙江、山东等地，他还在扬州当过三年地方官；也还奉命去过缅甸、菲律宾、印度尼西亚、爪哇和苏门答腊等国家。

马可·波罗，一家三口在中国一待就是10年。时间长了免不了产生思念故土之情。1286年的一天，一位来自波斯的使臣求见忽必烈。使臣递上一封波斯国王阿鲁浑的亲笔信，说他的王后不幸去世了。按照王后的遗言，波斯王请求中国帮他选一位和王后同族的蒙古姑娘去当王后。为了维护中国同波斯的友好关系，忽必烈决定以和亲方式求得边疆安宁。忽必烈决定让自己的外孙女、公主阔阔真嫁到波斯去。可是，公主尚小，需要有个可靠而又能干的人护送，忽必烈这时又想到了马可·波罗。他

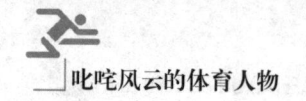

知道马可·波罗一直在想家。

公主远嫁可不是一件小事，要准备许多嫁妆，又不能沿着丝绸之路往西走，因为这样翻山越岭，公主经受不住旅途颠簸之苦，只好走水路，这就需要准备在海上航行的船只，所有这些准备工作做完，时间已过去6年。1292年8月，马可·波罗终于成行，踏上归途。

他们一行，除了公主和马可·波罗以外，还有忽必烈赏赐的600名随从，分乘13艘大船，从泉州下海，沿途经过爪哇、苏门答腊，然后进入印度洋北上，才到达波斯。海路也并不是一帆风顺，途中充满风险。有一次，海上突然刮起台风，狂风掀起恶浪，一排排巨浪向帆船的甲板扑来，竟将正在甲板上观望海景的公主卷进大海。在一片惊呼中马可·波罗奋不顾身跳到惊涛骇浪之中，一把抓住公主，当别人把他们救上来后，都说公主没被大浪冲走而能让马可·波罗抓住，这真是人间奇迹。公主也从惊吓中慢慢苏醒过来，她坚信，只要马可·波罗在她身边，大海就没法把她吞没。几个月后，船队进入印度洋，一天，船队碰上了一伙海盗。野蛮的海盗跳上公主的船，见人就杀，见东西就抢。一个海盗撞开公主舱门，一把抓住公主手臂，反扭过来，并把一把弯刀架在公主脖子上。就在这紧急关头，勇敢的马可·波罗冲了上来，他好似猛虎般同海盗搏斗，刹那间，一把利剑刺进海盗后背，海盗朝前猛跌撞昏了公主，等她醒来时，战斗已结束。1294年10月的一个金秋，马可·波罗一行的帆船到达波斯的霍尔木兹港。这次航行花费两年零两个月的时间。在这段时间里他们同行的随从已很多人死去，有的淹死，有的病死。到达波斯后才知道原来波斯国王阿鲁浑已去世。新国王是他儿子合赞。阔阔真被立为合赞的王妃。为了表彰马可·波罗的功绩，合赞赠送给马可·波罗大批珍贵礼品。马可·波罗与阔阔真公主依依惜别，然后启航西行，于1295年回到阔别24年的故乡。

马可·波罗回到威尼斯时穿着东方人的衣帽，家里人都不敢认识他了。马可·波罗向乡亲们讲述他东方传奇，许多人觉得十分离奇，竟以为是他编造的故事。三年后他应征入伍，结果不幸在战斗中受伤，被俘入狱，在狱中他把中国的经历讲给同狱的人听，狱中有个叫鲁思梯切诺的人，他听完记录下来，后来整理成一本书，这就是著名的《马可·波罗游记》。这本书被译成多国文字出版，它对后来欧洲人了解东方和中国影响极大。这本书描述了亚洲许多国家乡土人情，其中珍藏着不少体育史料。书中讲述了各国的武事与兴亡，介绍了一些地区的保健养生经验，描述了忽必烈的游猎生活，提供了珍贵的女子体育史料。

后来，马可·波罗被释放，他又回到威尼斯。在那里他活到70岁去世。

寻师问道的彼得大帝

17世纪俄国仍然是个落后的封建农奴制国家，它的政治制度陈旧，中央机构腐败无能，工业落后，文化愚昧，军队没有作战能力。这种社会状况，对于沙皇的对内统治和对外扩张都是极大的障碍。当时的新贵族和新兴商人都渴望社会改革。

1682年，一个刚满10岁的小沙皇登基了，他就是俄国罗曼诺夫王朝第四代沙皇彼得一世。他在少年时代，曾经把莫斯科附近乡村的男孩子组成"娃娃兵兵团"，进行骑兵和步兵操练。他们在野外扎营盘、筑堡垒、整队列、练射击、跨越障碍、演练攻防战等。这种娃娃兵训练，后来为俄罗斯民族武装和军事体育项目训练奠定了基础。

18世纪，西欧经济文化体育的繁荣景象，吸引着落后的俄国。彼得大帝千方百计学习西欧的科学、文化、体育。1697年，他派出一个使团到西欧各国考察将近一年，他本人化名彼得·米哈依洛夫，以下士身份，随同前往。在考察期间，他十分留心西欧先进科学技术。为了掌握造船技术，在荷兰的萨阿角丹一家著名造船厂里，他还当了一名普通木匠，可是他那高大的身材和超人的气魄很快就让人认出他是彼得大帝。于是，他又悄悄来到荷兰阿姆斯特丹一个最大船厂当学徒工，一干就是4个多月。空闲时他还参观博物馆、体育馆，访问著名专家和学者，他还亲自参加化装舞会和从事一些群众体育活动，他对西欧学校体育情况也做过一些了解。彼得像一个小学生，对西欧的生活、文化体育都抱着认真了解和学习的态度。他在寄往莫斯科的信上总要盖上一个印，印文是：我是一个寻师问道的学生。

彼得大帝不仅派人出国考察，他还请外国人到俄国服务。回国后，他决定从俄国贵族青年中，培养陆军、海军工业企业和国家机关专家，于是开办了许多新型学校，传授各种专业知识和技能，并重视体育教学。如在数学、航海学校中，除了学习专业理论课程外，还必须学习操帆、荡桨、游泳、攀登船索以及击剑等科目。在某些学校，除击剑外，还要学习骑马和舞蹈。对剑术优异的学生，还给于奖励。

原俄国东正教的教会学校本来是排斥体育的。彼得当政后，一切宗教活动要把为国服务作宗旨，因此，就是在教会学校里，体育也被重视起来。1721年，由当地大主教呈报彼得大帝批准的宗教规程中写道："教会中学的学生规定每天须有娱乐两小时，即中午和晚上任何人都不得学习和手中持书。娱乐中须有正确的和使身体活动的游戏……如此才可有益健康，改变枯燥生活。如选做一些有趣有益于健康和军事操练活动，定期乘船航行，进行几何测量，修筑正规堡垒以及其他等等。"这些条文规定显然是吸收了西方资产阶级先进体育思想。

在彼得大帝执政前，俄国贵族中已经开展一些体育活动，如军事体育活动狩猎、骑马、射击、舞剑等，娱乐体育活动有滑雪橇、滑冰、荡秋千和各种民间活动。有时贵族们还观赏职业人员斗拳、斗熊等表演。但这时都是自发的。而彼得大帝从国外学习回来后，他极力推动学习西方体育并从自发散乱的活动转变成有组织有计划的活动，使俄罗斯体育发生了很大变化。

彼得大帝要求贵族系统进行专门身体训练，并学习欧洲的体操、舞蹈、户外运动，有组织的提高竞技水平。他给贵族规定了定期练习操帆和划船制度，曾把141只船分给一些贵族，由他们保养、修缮并永久免费使用，每星期日2—4点钟，定时进行操练，否则罚款。除了操帆以外还在他们中推行一些体育娱乐性活动，如做体操、跳舞等。每逢节日，在彼得堡举行盛大化装舞会连续数日，非常热闹。到了冬季就开展冰雪活动。

彼得大帝的寻师问道精神，有力地促进俄国各项改革，致使俄国变得富强起来，他向外扩张的野心也大了起来。1700—1721年，俄国同北方瑞典进行长达21年的"北方战争"，最后获得了胜利。1721年10月，俄国枢密院把"大帝"和"祖国之父"称号献给彼得。俄国也正式改称俄罗斯帝国。彼得大帝是俄罗斯"祖国之父"，从世界体育史角度来看，他也是俄罗斯体育之父。他对俄罗斯体育事业发展的功劳不可磨灭。他那寻师问道和改革的精神，值得后人学习。

将帅的体育情结

苏沃洛夫

18世纪，俄国出现了一位卓越的军事家亚历山大·瓦西里也维奇·苏沃洛夫。

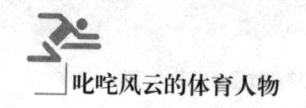

1799年，俄国与英国、奥地利缔结联盟，进行反对法兰西的战争。当时奥国君主想自己控制意大利，要苏沃洛夫率领2万大军离开意大利前往瑞士。俄军在苏沃洛夫指挥下出兵瑞士，但去瑞士必须跨越阿尔卑斯山，这时俄军遇到重重困难：山高路险、冰封雪冻、没有粮食、缺乏军火；同时法军有6万人守山阻击。在这种极其险恶的形势下，俄军在苏沃洛夫正确指挥下，并依靠那训练有素的坚强体质和勇敢精神，终于胜利地越过阿尔卑斯山，创造了世界军事史上惊人的行军奇迹。

在这之前，苏沃洛夫还于1768年至1774年以及1787年至1791年，两次率领他的部队参加俄土战争都获得胜利。他曾以25000名士兵，击溃了敌方10万大军。

苏沃洛夫之所以能建立赫赫战功，创造出军事作战奇迹，这同他卓越的军事指挥才能分不开的，同时也同他在军事训练中注重严格的体育训练有一定关系。

苏沃洛夫时代，西欧军队作战主要靠枪炮的火力，其次才用刀剑，但当时滑膛枪射程只有60步，滑膛炮射程也只有200步。苏沃洛夫因此提出了加强进攻战，以白刃战为主的战略战术思想。这就要求士兵应该受完备的体育和军事训练。特别是体育训练具有重要地位，因为士兵的身体素质是掌握军事技术的物质基础。苏沃洛夫说："……训练士兵要跑得快，在有掩护的地方爬行，隐藏在洞穴洼地里，躲藏在岩石、丛林和土堆后面，掩藏之后再射击……"苏沃洛夫练兵内容很大一部分是身体训练，其中包括快跑、跳跃、爬行、攀登、游泳、行军等等。在训练中苏沃洛夫他以身作则、严格要求，不管遇到什么恶劣天气，多么艰难的地理条件，都必须严格完成任务，绝不能半途而废。在行军途中，他带领士兵们强行渡河，爬越高山峻岭，迅速克服各种障碍……这样训练出来的士兵，正像他在《胜利的科学》一书所说的那样，"具有健康、勇敢、坚决、果断、正义和忠实的品质"，因此，经得住长期、严酷的实战考验。

格兰特

1861年4月12日，美国南方叛军不顾林肯的忠告，悍然向联邦军队的军事要塞萨姆特发起炮击，揭开了南北战争的序幕！

消息传到伊利诺伊州的加利纳，市民们情绪高涨，大家集合，决定建立一支志愿兵连队并选格兰特当指挥官，因为他是唯一一位受过正规训练的西点军校毕业生。格兰特义无反顾，披上旧大衣，奔赴战场为国效劳。

最初，格兰特接管一个团，这个团青年人特别多，而且大部分出身于上层人士和知识分子家庭，甚至还有银行家、部长的儿子。因此团内纪律松散、作风疲塌。他上任后以法治团，奖惩分明，大力加强军事体育训练。严格地进行队列、跑跳、越障碍、夜行军等训练。很快改变了全团面貌。在一次突击战中，全团官兵奋勇作战，杀得敌军仓皇逃窜。1862年2月、1863年2月两次战斗中俘敌1.5万人，被林肯总统提升为少将。接着在维克斯堡战役中俘敌3万多人。1864年被林肯任命为陆军总司令。他在统帅部队中始终坚持对士兵的体能和吃苦耐劳作风的训练。他认为，士兵的吃苦耐劳精神和强健的体魄就是战斗力。在格兰特统帅下的部队特别能战斗，在极端困难的条件下仍能取得胜利。1865年春，叛军司令率领叛军退到南方里士满附近，不久就被格兰特团团围住。4月9日格兰特将军切断了敌人退路。几支部队急行军，日夜兼程，在叛军周围布下埋伏。敌军万万没想到，格兰特的队伍竟兵从天降，出人意料地包围了叛军。叛军的一将军已成瓮中之鳖。他沉思良久对部下说："除了去见格兰特将军外，我已无计可施。"格兰特作为一名著名军事家受人尊敬，他在士兵训练中注重体育训练的事迹被广为赞颂。后来他被美国人推举为第18任总统。

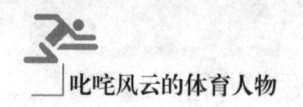

"标准钟"与康德

德国哲学家、教育家康德（Lmmanuel Kant 1724—1804）一生奉行严谨的生活规范著称于世。在许多国家流传着他严格遵守时间和热爱体育的故事：

康德在寇尼斯堡大学任教期间，早上起身、喝咖啡、写作、演讲、用膳、散步，各种事项都遵循严格时间，附近的邻居看到他手执拐杖，走出家门，走向那低矮的菩提树街道时，大家都知道那时必定是四点半钟，所以纷纷对准自家的钟表。人们都说：康德就是标准钟。

据几乎陪伴他终生的仆人兰伯说，康德按时起居的习惯30年绝没有一次迟滞半小时。德国诗人海涅说：我已经不相信城里大教堂的自鸣钟能胜过它的市民——康德。

人们为了纪念康德，就将康德准时散步那条街更名为"哲人路"（The Philosophers Walk）。伊曼努尔·康德生于1724年4月22日，他的父亲是位做皮带的手工业工人，他的家境贫寒，但父母却是两位非常正直和有道德的人。康德小学时就是一位记忆力非常好又非常勤奋的好学生。但自幼营养不足，他矮小且瘦弱，但他很不甘心，他想一个人身体好坏并非天生，瘦弱的身体可以通过锻炼变得强健。他经常到郊外做户外游戏。

康德入大学后，对自然科学和社会科学都有广泛兴趣。他说："在人类大部分知识里，没有一种知识不同思考有关系。"

因家境贫困，他在大学的生活是非常艰苦的，有时甚至没有伙食费，要靠亲友和同学赞助。有时上街没有一件完整衣服，只好向同屋同学借用。虽然生活如此艰苦，他却始终注重锻炼身体。他的内衣很少，仅有一两件也舍不得穿，在操场上运动，常常是光着膀子，以免汗水弄污了衣服。当时在德国风行夜游，晚饭后的大部分时光都在逛夜市中消磨掉了。康德认为这是一种无聊行为，他从来不去，而经常用这时间打台球。天长日久，他的台球打得很好。有一位法语教授台球打得好，在全校很有名气。听说康德台球技艺高超，就想同康德较量一下，还说如果输了甘愿拿出一笔钱来。第二天他们进行比赛。只见康德动作灵巧，体力充沛，越战越勇，结果大获全胜。这位法语教授真的拿出一笔不少的钱给他。康德断然不要。他说："我从运动中得到收益，比您这些钱要多得多。"这件事，在大学里一时传为佳话。

后来康德又把运动兴趣转移到足球上去了，由于他经常锻炼，并十分注重卫生，所以他到了二十几岁时，身体就渐渐强壮起来，虽然个子不高，但却结实，在学习期间从未生病。别人开玩笑地说，康德诚心要让医院关门。有了强健身体和充沛精力，康德除了学好各门课程外，还有余力从事创作。1747年，他在大学毕业前，就出版了他写的《生活的真实价值》一书。

康德在以后工作中，一直坚持运动锻炼，他强调一个人必须有自觉地支配自身的节制能力，他曾在任寇尼斯堡大学校长时批评某些不好运动的教员说："许多教员自朝至暮坐着不动，只顾运动口舌，而不运动身体，这是极大的愚蠢。"他还说："有些人生活中表现出杂乱无章、毫无次序和节制，他绝不可能有充沛精力和体力。"

康德在1770年前精心钻研自然科学，如提出了太阳系起源假说等等。而在1770年以后他精心钻研社会科学，他是18世纪著名教育家。康德在他著作的《教育学》中把自己的健身方法总结归纳成几条，主要有保持个人卫生、正确呼吸、饮食合理、劳逸有节等。

康德一生，在体力劳动和脑力劳动两方面都努力做到积极而勤奋。他

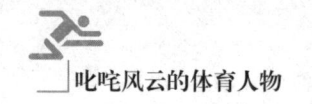

认为养生学的一条重要原则，是不吝惜自己的力量，不要讲究舒服，不好逸恶劳。他认为人体器官得不到锻炼，同器官过度紧张一样有害。他的生活座右铭："坚韧不拔和有节制。"

康德的《教育学》先从体育说起，他所说的体育包含甚广，除养生和锻炼外，也与智育和德育互相渗透。他认为体育应从儿童的襁褓时期开始。康德认为儿童的品格训练也是体育任务之一。他引述卢梭的话："不在街上玩的小孩，不能成为有能力的人。"并认为，儿童可以在游戏中锻炼坚忍心，初步学会立身处世之道。康德的这些体育思想对后世体育教育的发展产生深刻影响。

康德的教育生涯达40年之久，他一直勤勤恳恳，受到广大师生好评。他一生写了大量著名作品，直到78岁仍未放下自己手中的笔。

康德79岁高龄时，左目失明，右目视力也严重减弱。在这种情况下，他仍然拄着手杖到郊外旅行，并坚持每天饭后散步1小时。

康德常年坚持冷水浴，他还十分重视合理呼吸方法。每天散步时，他尽量控制自己，绝不思考问题，以使大脑充分休息。在康德看来，"床是病窝"，因此，他只是夜间睡眠，并且尽量睡得熟。一旦遇到不能很快入睡时，他就采用自我暗示方法催眠。他经常叨念古罗马思想家西塞罗的名字来助眠。西塞罗在健身方面有独到之处，西塞罗认为，善于养生的人，也应该有一个正常健康的晚年。康德对西塞罗的观点十分感兴趣。

康德一生独身，几位仆人就是他的家人。他平日总是习惯同朋友一起用餐，在吃饭时，经常谈论一些轻松的事情，使心情愉快，避免一个人闷头吃饭。沮丧、忧愁、恐惧、悲哀、胆怯等，在康德的词汇里是根本不存在的。这位哲学家喜欢幽默，善于开玩笑，他认定，合理生活方式是力量和健康的源泉。他说："老年时像青年人一样高兴吧！青年好比百灵鸟，有他的晨歌；老年好比夜鹰，也该有他的夜曲。"

康德79岁高龄时，在写给他朋友的一封信中还乐观地说："一个衰老而无疾病的人，固然不能尽私人与公家的职务，但仍然自觉有几分力量可以完成他未了的事情。"他还郑重宣布："诸君啊，我现在老弱了，你们要拿我当一个孩子看待才好。"

当康德最后衰老得实在挪不动步，他自己也知道到了最后时刻，但他却毫不伤感，仍乐观地说："小鸟儿飞了，我这小鸟飞走，这次再不回来了！"

体操家与文豪

俄国作家托尔斯泰是一位伟大的文豪人人皆知，但是托尔斯泰还曾是一位出色的体操家却鲜为人知。

列夫·托尔斯泰生于1828年，卒于1910年，终年82岁。他一生创作了大量文学作品，写下的文字量是惊人的。有小说、剧本、论文，并终生写日记，仅写小说就有60多部，像《战争与和平》《安娜·卡列尼娜》《复活》等，更是举世皆知的名著。列宁曾经把托尔斯泰称为"俄罗斯革命的一面镜子"，可见他在作品中提出了多么巨大的问题。

托尔斯泰一生坚持不懈地进行巨大的脑力劳动，为世界文学事业做出了卓越贡献，这与他一直热爱并坚持多方面体育运动密不可分。托尔斯泰对于从事体育运动的目的是非常明确的，他终生都自觉地把体育运动作为健身和消除疲劳的有效手段。他热爱自然风光，喜爱散步、登山、骑马、滑雪、游泳、摔跤、棒球和体操运动，他还喜欢下国际象棋。其中体操尤其擅长，在当时是个出色的体操家，在俄国小有名气。体育运动给他充沛的精力，并且帮助他多次有效地战胜疾病，使他能活到82岁高龄，而且在

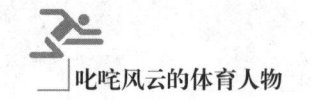

80岁以后仍然从事文学创作。

托尔斯泰的一生，大部分时光都在他的庄园波利亚纳度过。波利亚纳坐落在俄罗斯图拉城附近的乡下，那是一个风景秀丽的地方。一条清澈的河流绕庄而过，绿茸茸的草地上盛开着各种鲜艳的野花，出庄不远就是幽深莫测的森林。波利亚纳以其优美的自然环境和特有的魅力吸引着托尔斯泰，哺育和陶冶着托尔斯泰。

俄罗斯的风光对托尔斯泰的健康影响很大。在他将近80岁时从莫斯科回到波利亚纳，在给他妻子的一封信中写道："在出发的那天和一路之上，我感到自己既疲倦又衰弱，但是乡村中春天的美可以让一个死了的人活过来。热风摇荡着树木上的嫩叶，还有月光和阴影，夜莺的啼声忽高忽低，忽远忽近，此起彼伏，远远地方有蛙声，接着又归于寂静，吹来了一阵芳香的、郁热的风——这一切都是突然而来的，出人意料的，是非常奇异而美好的。"从这封信中可以看出托尔斯泰是多么热爱大自然。托尔斯泰于1910年病逝前曾嘱咐说："我一生热爱大自然，我死后把我埋在家乡亚斯纳亚，埋在我少年时期寻找绿色棍子的森林里吧（寻找绿色棍子是少年时所作的一种运动游戏）！

托尔斯泰青年时期十分热爱体操运动，他专门在书房旁开辟一个"体操房"，里面放着不少运动器械。当他伏案工作2—3小时，感到脑力疲劳时，就放下笔，走进体操房，做几节体操，或拿起哑铃做几节哑铃操，有时还做上一套器械体操，当时器械体操在俄国刚刚兴起，没有多少人会做成套动作。而托尔斯泰却不但学了不少新动作，而且能做由许多动作连接的成套动作，这在当时可以说是体操家了。一些青年朋友和作家来找托尔斯泰时，经常见到他在体操房里，身穿运动服装，精神贯注地练习体操，大家见他头上冒着热气，汗流浃背，都十分吃惊。

有一次，一个爱好文学的法国青年到托尔斯泰家里来求教，见到花园一侧竖立着二副单杠，就上杠做了几个简单动作，下杠后，他自以为很得意，以夸耀的口气对托尔斯泰说："伯爵，对于这门艺术你大概是外行吧！"托尔斯泰笑了笑没说什么，就走到杠前，轻轻伸展了几下胳膊不慌不忙地跃上单杠，接着摆动、屈伸、回环、腾越而下，动作完成的矫健连贯一气呵成，而且身轻如燕，刚健有力，就是当时的体操运动员有的也赶不上他完成的出色。这位法国青年看得眼花缭乱，他第一次见到有人完成这些新颖动作。这位法国青年羞得满脸通红，一句话也说不出来，他万万没有想到这位著名作家竟还是个出色的体操运动员。

托尔斯泰不但自己常年坚持在自家体操房里坚持器械体操运动，他还是俄罗斯体操的倡导者和启蒙者，同时他还对体操理论颇有研究。1883年，他同俄国作家契诃夫、画家列宾等人创建了俄罗斯第一个"体操协会"。当时，运动生理学家谢琴诺夫对人体疲劳后的积极性休息学说取得了初步成果。他在实验中发现：一个人当他的右手疲劳时，让右手休息，而改用左手工作5分钟，这样做，对于消除右手疲劳，其效果好于静止不动的休息。托尔斯泰坚信这一学说的科学性，而且自己带头将这积极性休息原理广泛运用于自己的工作、学习、生活。他巧妙地将读书、写字、写作、构思设计等脑力劳动与体操、散步、下棋和娱乐交替穿插进行，取得良好效果。他认为，人的脑力活动和体力活动交替进行，不仅可以起到相互休息的作用，而且是一种有效消除疲劳的积极方式。

托尔斯泰从十几岁就刻苦学习外语，他精通德语、法语、英语、意大利语、希腊语、拉丁文等多种语言。为了训练自己记忆力，他一生坚持天天记日记。他把写作、查阅资料和学习几种外语交替进行，既可在变换中得到休息，又可随时产生新鲜的兴趣，他将这种活动方式称为"脑力体操"运动。在托尔斯泰看来，一个体操家，不只是熟练的肌肉运动体操，而且也必须是脑力体操"的行家。托尔斯泰正是这样的行家。这在世界体育史上，可以说前无古人，后无来者。

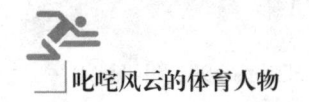

长跑探险怪杰

尼罗河一泻千里，两岸峥岩起伏，景色奇特，离瀑布不远的岸边，在一片苍翠欲滴的林丛之中，立着一块墓碑，上写："俄斯特·门森，你快似麋鹿，疾如飞燕，大地就是你的赛场，你的绝技举世无双。"

墓碑上所提到这位俄斯特·门森，就是19世纪一位世界知名的长跑探险怪杰，成千上万人为他高超技艺拍手叫绝。医学家始终也未能对他那超人的本领和体能做出令人满意的解释，至今仍是留在世界体坛的一个谜。

100多年前，整个欧洲一度都曾知道俄斯特·门森这个名字。他被人们誉为"北欧飞毛腿"。土耳其人和阿拉伯人称他是"沙漠之鹰"。巴伐利亚的王后则给他起了一个有趣的绰号："长着最长腿的最短的人。"他曾数次做跨欧亚两洲的长跑，并使得许多富人输掉他们的赌注。

俄斯特·门森，1799年生于挪威的插尔根市。他8岁时，便被送入哥本哈根的一所海军学校学习。当他的父母在一次海难中丧生后，他发誓永不回家。在海上当了几年水手之后，他于1819年来到了伦敦，在那里门森开始了他的长跑生涯。

当时，英国的上流社会大都在家中雇有送信的脚夫。他们有时也在脚夫之间组织赛跑。门森20岁时，就可以用9小时跑完72英里的路程。

1832年，门森与别人打了10万法郎的赌。他保证在15天内跑完1600英里。他选择的路线是：穿过法国、德国、波兰最后到达俄国。6月11日上午4时10分，他从巴黎的温多姆宫出发，当到达克里姆林宫主城门的时候，他所花掉的时间是14天零5小时50分。

第二年，他向巴伐利亚国王保证，在一个月内，把他的私人信件送到当时在希腊王都的国王的儿子手中。他要跑完的路程大约是1250英里。门森于1833年6月6日下午1：05从慕尼黑城外的纽芬堡出发，旅程开始不久，他就遇到了陡峭的高山，无路的森林和数不清的河溪，他没有白当3年水手，他可以借助太阳判定方向，强盗打劫他，险峻的地势使他不得不绕道而行。他还两次被逮捕，其中一次他被当成间谍关押了数日，但是他终于在7月1日上午9时48分到达了目的地。他一共用了24天20小时零43分。

三年后，为了150英镑，门森便允诺在两个月内把几封重要的信件从一个在康士坦丁堡的商人那里，送给他在加尔各答的客户，然后再返回康士坦丁堡。全部路程超过了5000英里。他在1836年7月28日出发，用了30天零4小时到达了加尔各答。他并没有食言，在休息了4天之后，他于9月28日又跑回了康士坦丁堡。

对门森来说，跑步就像吃饭喝水一样是不可缺少的。他认为，跑是认识世界的一个好方法，所以，他经常变换跑步的路线，经常一天跑上100多英里。今天，最优秀的马拉松长跑运动员也要用两个多小时才能跑完26英里，平均每小时11到12英里。然而门森在数百英里的长跑中，却能始终保持每小时5到6英里的速度，并能以这种速度跑上几天甚至几个星期。在他的日记中，门森提到过一种特殊的"跳步"。这种"跳步"似乎可以使他一步就能轻快地跨出六七英尺。

他的生活是简朴的。在那次从巴黎到莫斯科的长跑中，除了四磅冷肉外，他主要吃的是白面包。门森曾对人讲，面包使他感到"轻快并使他充满了力量"。在长跑中，他还饮用大量的酒。他喜欢睡在露天的空地里，如果是在屋内，他从不上床睡觉而宁愿睡在木凳上。

当门森40多岁的时候，他看上去却已非常苍老。长期的风吹日晒，加

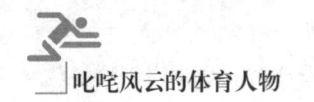

上长期的劳累使他的头发变成了灰白色，脸上也布满了皱纹。这时他用自己的钱救济那些他遇到的穷人们。

1843年，他开始了另一次长跑。路线是从亚力山大港起，穿过非洲大陆，最后到达非洲最南端的好望角。这一次他不仅要与时间赛跑，他还决心找到尼罗河的源头。但是，在他还没有到达尼罗河上第一个瀑布的时候，病魔便夺去了他的生命。

黑人的夺冠之路

泰勒是近代体育史上第一个黑人冠军，当今美国和欧洲、澳洲电影界谈论的热门人物。苏格兰传记作家和摄影记者安德鲁·里奇在搜集自行车大赛史料中发现了他的事迹，他认为泰勒不但是体育史上极具魅力的人物，而且也是当时充斥着种族主义的美国的一面明镜。

泰勒的父母均是肯塔基解放了的黑奴子女。父亲吉尔伯特曾参加过南北战争，在黑人旅队里英勇奋战。战后，他在印第安纳波利斯市买下了一个小农场，靠此养活妻子和八个儿女。梅吉·泰勒于1878年11月26日在印第安纳波利斯市诞生。

8岁时，泰勒的父亲由于对养马很有一套，因而得以在本城一个有权势的白人索瑟德家里做事。泰勒偶尔跟父亲一块儿去主人家，很快地与主人的独子、年龄相仿的丹尼尔成了形影不离的朋友。主人索瑟德见泰勒灵活可爱，偶尔也出钱要泰勒专门陪伴其儿子一起游戏作伴，泰勒遂搬到主人家一起生活。两人穿一样的衣服，受同等教育。在索瑟德家生活的四五年里，他学会了读书写字，有权摆弄丹尼尔的任何玩具，其中包括他的自行车，邻近一名门望族后代也乐意与他为伴。他轻而易举地跻身于白人社会，并赢得了一定的社会地位，但在家中却遭人讨厌。因为泰勒是按白人的生活习惯吃喝打扮，这就使他的出身农家、生活窘迫的兄弟姐妹很不以为然。

在索瑟德家生活期间，他逐渐学会了克制，也懂得了作为一个黑人所面临的种种限制。他和丹尼尔曾报名参加印第安纳波利斯市的青少年自行车赛，泰勒因其肤色而被取消了参赛资格。两个孩子向父母抗议，但父母对此也无能为力。这是泰勒经历的第一次不平等待遇，但这仅仅是开始。

1890年，自行车开始普及，成了全球性的交通工具，其构造也由原来的前轮大、后轮小变成了今天的样子。当时，美国有600多名职业自行车赛运动员，比今天的棒球赛手多得多。

当时最好的技师都醉心于自行车制造业，据说早期的汽车制造商，从查尔斯、创造第一辆汽车的佛兰克·杜易到福特，都亲自制造过自行车。

1897年，400多名自行车制造商共生产了200多万辆自行车，而机动车仅有4000辆。美国的第一次自行车大赛早在1878年就举行了，也就是说，在篮球发明之前就有自行车赛了。19世纪90年代，美国全国举行了100多次自行车比赛，规模较大的比赛，观众不下三万。自行车成了当时的宠物，名流蒙德·詹姆·伯雷迪曾赠给里列安·鲁校一辆镀金的自行车，这是世界上最昂贵的赠礼。

索瑟德一家从印第安纳波利斯迁往芝加哥时，希望泰勒同行，可泰勒的母亲不忍骨肉分离，于是，一夜之间，泰勒便由"富家子弟"又变成了农民的儿子。为生活所迫，13岁的泰勒不得不起早摸黑去城里送报。为此，他买了辆自行车，这对当时的黑人来说简直是穷奢极侈。尽管如此，送报为家庭增加了收入，同时也锻炼了他的腿劲，骑自行车的技术大大提高了。

一天，他去车铺修车，在店老板面前露了几招。老板以生意人特有的眼光看中了泰勒，愿将他留在车铺干活，还给他一套军装作工作服。人们便戏称他为"少校"，这个名字伴随了他大半生。

车铺老板是当地10英里的自行车赛的热心发起人。泰勒日夜都梦想着有朝一日能抚摸一下金牌。这个梦终于实现了。一次他去看比赛，向老板请求参赛，老板表示同意，条件是他得参赛。当然仅仅是开个玩笑，他不必到达终点站。因为光一个黑人赛手出现能取悦围观观众也就足够了，没想到泰勒一个劲儿地往前冲，但他骑了一英里路程，就支持不住了，准备退出比赛，但老板却举着金牌在前方向他招手，鼓励他冲刺，他竭尽全力，果然不负众望，一举夺魁。

后来，著名推销商、自行车赛名星路易斯·门杰雇佣泰勒做他的贴身侍从。这样，泰勒重又回到了白人社会中，而且是在最令人羡慕的自行车交易圈里。他结识了许多优秀赛手，虚心学习，加紧训练，多次在本地区的少年比赛中获胜。门杰成了他的良师益友，经常指点他训练，还给他提供了参加高水平比赛的优质自行车。

19世纪90年代，美国修正了吉姆·克劳法案。这使黑人失去了公民投票权，使种族歧视合法化。黑人虽可参加体育比赛，但不得成为自行车协会会员，而且一些白人运动员拒绝和黑人一道比赛。正是在这种情况下，泰勒不畏风险，在一系列重大比赛中连创佳绩。

1895年，种族歧视日趋严重，门杰受到了压力，许多白人劝他远离泰勒，但他仍让泰勒参加了从印第安纳波利斯出发的75英里自行车大赛。当时，天公不作美，大雨滂沱，道路泥泞，许多人不得不中途落马，只有泰勒一人抵达终点。事后他被报界称为"创造奇迹的小黑人"。这时，许多种族歧视主义者开始对门杰施加压力，企图把泰勒挤出赛场。为了暂避风险，门杰把泰勒送到了马萨诸塞州。在那里，教练将这位17岁的黑人青年领进了一个气氛良好的环境中。第二年春天，泰勒将两名雄踞榜首的白人运动员挤下领奖台，创造了新的世界纪录。门杰认为泰勒完全可以成为职业运动员了。

门杰决定让泰勒经受一次更严峻的考验：要他参加麦迪逊广场花园为期六天的自行车大赛。门杰估计，较为自由的纽约城和热情的观众将会向泰勒伸出友好的手。但泰勒从未参加过这么长距离的比赛，有些胆怯。门杰对他说，只要坚持到终点，以后就有资格参加所有自行车比赛了。泰勒在最后一天晚上，终于到达了聚集12万多名观众的终点。全程1732英里，他比第一名仅差200英里，名列第八，这对他确实是件了不起的壮举。

虽然以后他再没参加过类似的比赛，但他的速度却越来越快，令许多白人选手胆战心惊。泰勒成了最有魅力的运动员，不少人都想目睹这位黑人运动员之风采。当时他的日薪为850美元，比他那赶马车的父亲一年挣的钱还要多两倍多。

往后的八年间，他参加了环美自行车大赛，但他常遭白人的蔑视。在他们看来，被一个黑人当众击败简直是奇耻大辱。更有甚者，一些白人运动员还故意撞他，企图将他挤出跑道，他的生命多次受到威胁。在一次比赛中，他突遭袭击，身受重伤，不省人事。但那个撞伤泰勒的家伙不仅逍遥法外，还受到种族歧视主义团体的奖励。泰勒当时曾对记者说："每次和白人一起比赛，我都担心自己随时会遭暗算。"此时，泰勒正处于鼎盛时期。到1898年为止，他在1／4英里和2英里的比赛中所向披靡，共创七项世界纪录。这位美国最著名的自行车运动员成了最"讨人嫌"、最令人崇拜、最有争议的热门人物。

1899年，泰勒又夺得21个冠军，其中包括在蒙特利尔举行的2英里和1英里世界自行车锦标赛的桂冠。他成了第一个黑人冠军。"那是我第一次在外国取得胜利。当听到乐队演奏《星条旗》乐曲时，非常激动！"这比

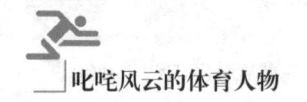

杰克·约翰逊赢得世界拳击冠军早3年，比杰基·鲁宾逊赢得棒球冠军早48年！在欧洲的57场比赛中他赢得了42个冠军。

本世纪头10年，美国逐渐兴起了机动车赛，自行车赛开始走下坡路。泰勒的大部分钱主要是在国外挣的。1910年，他挂靴退役。

1902年，他和黑人姑娘戴西成婚，两年后喜得爱女。他带领全家周游世界后，花了整整20年时间经商，但一无所成。他还撰写并出版了自传《世界上最快的自行车运动员》。为此，他几乎倾家荡产。

1930年，他和妻子断绝关系。早在几年前，他就身患重病，为了写那本书，他积劳成疾。51岁时，他孤独而又疲惫地来到芝加哥，亲自上街推销自传。从那以后，他再也没有见到妻子和女儿。他的健康状况日益恶化，两年后终于贫困潦倒地离开人世。由于无人认领尸体，他被装入一个大木箱，葬在芝加哥公墓。16年后，一群退役的职业自行车运动员才出钱重新安葬了他。

为了纪念这位世界第一名黑人冠军，几年前印第安纳波利斯的一个室内赛车场用他的名字命名。两个电影商准备将他的生平搬上银幕。然而，这一切对泰勒来说都显得太迟了。

包跑天下的路易斯

由于美国人在前两届奥运会上成绩显赫，国际奥委会决定将第3届奥运会主办权交给美国密苏里州的圣路易斯市，但因路途遥远，旅费昂贵，只有12个国家681名运动员参加这届奥运会，其中美国就占533人，所以人们又称本届奥运会为"邀请外国人参加的美国运动会"。

美国人在此届奥运会上可谓四面威风，他们在田径25个项目中，夺得23项冠军。"密尔沃基流星"阿·哈恩包揽了60米、100米、200米三个短跑项目的全部金牌，他在本届运动会上创造了21秒6的200米跑奥运会纪录，这个纪录整个保持了28年。此后，他编著了一本"怎样短跑"的书，这本书以他亲身经验为基础，写得很出色，使哈恩名噪一时。

美国黑人大学生乔·波格获得200米栏和400米栏两项冠军，成为现代奥运史上第一位获得奖牌的黑人。

在击剑比赛场上，古巴队独领风骚，囊括了全部5个项目的金牌。拉蒙·丰斯特在继上届奥运会获1枚金牌后这次又独得3金。他不仅是剑坛好手，还是优秀自行车、拳击、射击运动员。在他整个运动生涯中，共获125枚奖牌、25座大奖杯，是古巴体育史上颇有影响的人物。

马拉松比赛是8月30日举行的。全程40公里，这次比赛有好几件令人闻之足以捧腹大笑的事件。美国运动员洛茨，当他跑到17公里时因腿抽筋，疼痛难忍，便抬手叫一辆过路汽车，让司机朝马拉松终点驶去，当离终点还有9公里时洛茨感到腿部抽筋已过，他下车竟继续跑了起来。当洛茨第一个跑进运动场时，组织者竟无一人察觉！他作为"优胜者"受到美国总统女儿爱丽丝·罗斯福的祝贺。但事后真相终于大白，洛茨被终生取消比赛资格。

真正的马拉松冠军是英国血统美国选手希克斯。他的教练事后回顾了这次艰苦的比赛时说："离终点还有16公里时，希克斯已经精疲力竭，他要求喝杯水，我答应了他，给他用蒸馏水漱口。离终点10公里时，我不得不让他吃一毫克加蛋白的士的宁。还剩6公里时，希克斯脸色苍白，给了他两个鸡蛋和一口白兰地，还用温水擦了他全身。最后3公里，他就像滑润很好地机器一样机械地跑着。临近终点，又给他喝了一口白兰地，终于到达终点。"这位教练提供的这些细节，国际奥委会和田径裁判当时并不知道。希克斯领完奖后，才开始有些风言风雨的议论。但是希克斯作为奥

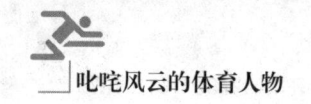

运会马拉松冠军的历史事实已不可改变。

圣路易斯奥运会最大的失败是大会组委会搞了一个"人类学日"，即让运动员扮成非洲俾格米人、菲律宾摩洛人、美国印第安人，进行爬竿、打泥巴仗等这种带有种族歧视的活动，严重违反了奥林匹克精神，引起了一切有正义感人们的强烈反对。奥委会当即决定，以后不再有类似情况发生。

这届奥运会还列入了一些非奥林匹克性质比赛。拔河被列入田径比赛。举重不按体重分级而分"单手举""双手举"，拳击比赛分7个级别，有趣的是规则允许一个级别的选手越级参加下一个（体重更高）级别比赛。这样，美国选手柯克一人获两个级别的冠军。

体操比赛项目组合十分奇特。全能比赛项目包括单杠、双杠、跳马、鞍马、100码跑和铅球。

本届奥运会各国奖牌数是美国金牌80枚，银牌86枚，铜牌72枚；德国金牌5枚，银牌4枚，铜牌6枚；古巴金牌5枚，银牌3枚，铜牌3枚。

歌王的运动之旅

"黑人劳动在密西西比河上，黑人劳动白人来享受，黑人工作到死不得休息……"

电台播出了这深沉厚实，浑圆有力的歌声，这是美国黑人歌王保罗·罗伯逊在唱《老人河》，它深刻地表达了19世纪美国黑人的苦难生涯。

罗伯逊是个多才多艺的人。他作为著名的歌唱家、和平战士，是为大家所熟悉的，然而，很多人却不知道，他还是一个著名的体育家呢！他会踢足球，打篮球，掷垒球，而且还是一个出色的拳击师。他最擅长的是足球,是当时全美16名足球健将之一。

罗伯逊15岁时,就以优异的成绩,进入美国鲁哲士大学。19岁那年,这个初出茅庐的体坛新秀,带领着鲁哲士大学足球队,把当时公认为"美国最优秀的新港海军后备队"打得落花流水,以14：0的绝对优势取胜。《纽约星期论坛报》做了这样的报道:"全局随着鲁哲士队精彩的攻击而开展着",他们凌厉的攻势"基本战略是由罗伯逊寻找空隙突破造成的"。

有人说,罗伯逊是个天才,他自己却不承认。应该说他的天赋条件是不错的,但更重要的是他的勤奋和永不满足的进取心。

保罗·罗伯逊,1898年出生在美国纽约普林斯顿的一个教师家庭里。因他父亲逃到北方,跟随林肯参加了南北战争,才获得"自由黑人"的称号。但他父亲同千千万万从非洲贩卖来的黑人兄弟一样,连姓都没有,只因曾为罗伯逊家族当过奴隶,为了争取同奴隶主平等,有和奴隶主同姓的权利,就取姓"罗伯逊"。"罗伯逊"就这样成了他的家庭苦难历史的象征。

保罗·罗伯逊的家境十分贫寒,小时连衣服鞋袜都没有。念书时除奖学金外,主要是靠在课余当旅馆的侍者,或去火车站、轮船码头扛"大个",也还靠打球和当足球教练换来面包。他从小学习就很用功,并受着严父的熏陶。有一次,他的学习成绩达到了97分,他父亲却问:为什么不是100分呢?他说:"100分还没有人得到过呢!""那为什么要有100分呢?"父亲的问话使他感到在没有取得满分前,是没有什么可夸耀的。他发奋努力,终于得了100分。在鲁哲士大学四年中,他年年得第一,获得最高学术荣誉奖——"方帽与头颅"奖章。

他学踢足球也是十分认真,他的教练乔治·福斯特·桑伏德曾回忆说"四年前,一个高大的笨拙的黑孩子来报名参加足球练习","这孩子很用功",他"表现得急于学习,而且十分愿意学习";"表现出精确的分析和计划的能力"。教练说:"我发现他会成为最可宝贵的球员,因为他懂得动

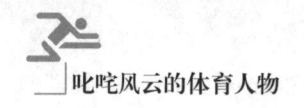

脑筋。"后来教练又称赞他："在边线发球时能够准确地为自家人寻找空挡；能够在球场的顶端奔跑着为自家人避开对方的拦截；还能出人意外地迅速在危急的关头抢救出险球。"

罗伯逊之所以为足球名将的另一特点，就是他的惊人毅力和坚韧的战斗精神。

黑人，在美国历来是受歧视的。在鲁哲士这个古老的大学里，一个新进一年级的黑人学生，要报名参加全新足球队，引起了强烈议论。教练桑伏德没有种族偏见，他"坚信如果这个黑人孩子想参加球队的话，他应当有他的机会"。但一些白人足球队员总想把他"刷掉"。在训练活动中，他们把罗伯逊的"鼻子打破了，肩膀碰坏了，手也在木柱上撞伤了"，可是罗伯逊呢？他咬紧牙关，凝集愤懑，"化成为决战到底的怒火"！他一点也不含糊，按时就来参加训练，谁也阻挡不住。

由于他刻苦钻研、细心揣摩，虚心接受教练的指点，使他逐步掌握了高超的球艺，别的队员相形见绌。队员们终于为这个黑孩子的无比刚毅和锲而不舍的精神所倾倒。罗伯逊赢得了自己的尊严和地位，赢得了伙伴们的友谊，成了足球场上的顶梁柱。

罗伯逊的体育生活是高尚的。他除了当职业足球运动员，还参加其他运动项目的比赛，依靠这些来维持自己的生活。由于他身材魁梧，体魄健壮，如铁塔一般；再加上他具有运动员所特有的技巧和敏捷，在拳击场上，往往立于不败之地。拳击商发现他是个理想的拳击师，许给他优厚的条件：只要一次就分胜负，即可"发一笔横财"，但罗伯逊拒绝了。他认为自己不能这样做，这是一种赌博性的不道德的冒险行为，打伤了谁都不好，不能出卖自己的灵肉，不能把自己的幸福建筑在别人的痛苦上。

他认为由于他所处的是个尔虞我诈、充满仇恨和歧视的资本主义社会，他只能把踢球作为一种谋求生计、摆脱饥饿的手段。当然，在那种社会里，这种挣扎也是无济于事的。最后，他还是放弃了运动生涯，逐步走上用自己的歌喉去进行斗争的道路。短暂的体育生涯给罗伯逊打下了良好的身体素质基础，这对他放声歌唱是十分有利的。同对待足球训练一样，他在歌唱中，仍然是刻苦锻炼，虚心好学，终于又获得了美国黑人歌王的称号。

保罗·罗伯逊是中国人民的好朋友。远在抗日战争时期，我国去美国的爱国人士为了宣传抗日，支援前线，求助于罗伯逊先生。这位当时闻名世界的歌王，是那样的谦逊、热情，对中国人民不畏强暴，抗击着骄横不可一世的敌人，充满了崇敬。他对中国的抗战歌曲是那样的热爱，叫我们的同志一遍又一遍唱给他听，尤其是那首气壮山河、熔铸着中国人民坚强意志的《义勇军进行曲》。随后不久，罗伯逊在纽约举行的有7000名听众的音乐会上，满怀深情地，以他那浑圆有力的歌喉，用中文准确地、豪放地唱着："起来，不愿奴隶的人们……"在唱前，他特地向听众伸出巨掌，请大家安静下来，然后兴奋地说："今晚我要唱一支歌献给英勇抗战的中国人民。"罗伯逊义务灌制了《义勇军进行曲》《凤阳歌》的唱片，将收入捐献给我国抗战事业。

当有人问他体育运动对歌手有何作用时，他说：

"体育运动是我走向艺术的道路的基石。不论从直接或间接的意义上讲，都是如此。在美国，要想成为一个好的演员，不仅要有愿望和天才，也要有著名的剧院经理或剧团的邀请。为了得到这种邀请，必须注意利用在群众中的声望。许多天才的演员，就因为不能突破这种绝境而默默无闻。这在我是比较容易的，因为在我成为演员前，我已经是众所周知的足球运动员了。

"体育活动不仅给我铺设了走向艺术的道路，也为我克服演员工作中的困难做了准备。例如，奥赛罗这个角色就要求演员有非常好的身体条

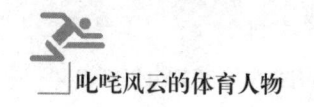

件。身体瘦弱的演员是扮演不了魁梧强悍的摩尔人的。同时，扮这个角色所消耗的能量，也不亚于一场紧张的比赛。体育运动对我作为一个歌唱家来说，是有很多帮助的。就是现在，我唱歌时，也是像运动员那样连续呼吸的。这样的肺脏是我在足球和篮球场上练出来的，对我的演唱技术起了不小的作用。

"每个演员和运动员都知道，在演出或比赛之前的休息是怎样的困难。所以演出前的休息得好，往往就是演出成功的一半。而会休息的技能，也是体育活动给我养成的习惯。

"演员扮演一个雄姿英发的英雄，他的外形也应该是很像的。对演员来说这是很重要的。可惜许多演员往往忘掉了这一点。我认为，一个演员的外形与所扮演的角色不相称，不管他的演技多么高，也不能全部表达出这个角色的精神面貌来。例如当一位身体肥胖的老年演员，扮演年轻的小伙子时，我总是认为不适当。固然体会生活是重要的。如果一个演员体会了人的全部内心活动的妙处，他应像一位真正的画家那样，也不应忽略人的体态的妙处。在我看来，体育运动是演员十分需要的。"

1976年1月23日，罗伯逊在美国逝世，终年77岁。在他病重时，感到遗憾的是，去中国的愿望没有能够实现。

龙登云为国扬威

中国武术走向世界，对外国人来说是经由开始怀疑进而肯定直到热爱的历史过程。在这个漫长的过程中，产生过无数次显示中国武术功力的战例，其中发生在1914年，中国武坛小将龙登云战胜法国著名拳师的战绩就是一次载入体育史册的典型。

龙登云，又名龙云巧（1887—1962），字志舟，云南昭通人，行伍出身，曾任国民党云南省政府主席，兼任国民党陆军副总司令等职。解放后任中央人民政府委员、国防委员会副主席，是一位著名的爱国民主人士。

龙登云的一生经历，很富有传奇色彩。这里叙述的是昆明摆台巧胜法国著名拳师，就是他早年的传奇故事。

1914年夏天，一位名不见经传的法国拳师，来到云南昆明。有人称他为"法国大力士"，有的人干脆叫他"老外"。他魁伟，身材高大，白皮肤，蓝眼睛，满脸络腮胡，一眼望上去确乎有"大力士"的架势。他来昆明，大言不惭地声称自己的武功，"天下无敌手"，愿意在任何地方与任何人比武。他在晋见云南都督唐继尧时，要求在云南陆军讲武堂摆擂三天，并称：在三天之内，如果没有人把他打败，他就留在昆明传授拳术，开馆传教；如果谁打败他一次，他就立刻离去。作为一省之长的唐继尧，面对这位身材硕大的拳师，犹犹豫豫地同意了法国拳师的要求。但唐继尧很不放心，因此，他在讲武堂学员和滇军内部暗中悬赏，如有谁打败法国拳师，将有重赏，甚至可以连升两级。

云南陆军讲武堂创建于清朝末年，当时清朝云贵总督锡良，希望把这个培养中下级军官的军事学堂办成维护清王反动统治，镇压革命人民的阵地。可是，与清王朝反动统治者的愿望相反，云南陆军讲武堂几乎是从开始建立的那一天起，领导权就掌握在资产阶级革命派的手里，一大批云南留日学生（大部分是同盟会员）担任讲武堂的监督和教官。例如，著名的同盟会员李根源、李烈钧、方声涛、赵康时、沈汪度、张开儒、庾恩阳、顾晶珍、刘祖武、李鸿祥、罗佩金等人，都曾在讲武堂担任要职。唐继尧不仅在讲武堂当过教官，此时还兼任讲武堂的总办（校长）。因此云南陆军讲武堂不仅在云南，而且在全国有重要影响。

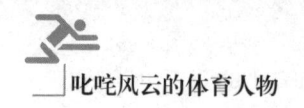

法国拳师选择云南陆军讲武堂这块宝地，作为摆擂的场所，真是颇具匠心。在讲武堂的跑马场指挥台上，围起了圈子，扯起了旗子，红红绿绿地写满大力士的"豪言壮语"的纸条在随风飘舞。当摆擂比武开始的第一天，昆明市的老百姓和公务人员像赶庙会一样，陆续前往讲武堂围观喝彩。滇军中的武术师们，讲武堂学员中爱好武术的小伙子们以及流浪江湖的好汉们，一个接着一个地先后登台了。然而这些叫得响的"半瓶子醋"，多半没有经过什么正规训练，耍耍花枪还可以，拉出来上阵，是万万使不得的。结果，法国拳师"三下五除二"使那些假把式纷纷败下阵来。围观的群众扫了兴，唐继尧的脸色由红变白，不声不响地离开了跑马场。

　　第一天的比擂结果，法国拳师获得了全胜。第二天擂台摆出，法国拳师脸红脖子粗，耀武扬威，更是不可一世。这一天，围观的人减少了，唐继尧也没有来，天空似乎又阴沉了起来。这一天，没有一个人上台与法国拳师比武。

　　第三天早晨，太阳出来了，跑马场明亮多了，人们的心情也开朗多了。法国拳师神气十足，登上擂台，向四周望去，他是在寻找比武的对象，还是在有意挑衅？人们的心中，打了一个大问号。上午过去了，仍然没有人上台。当天空的太阳向西移动的时候，法国拳师满以为，三天擂台期已满，胜利不仅在望，而且已经在握。他正在准备收拾东西下台，不料一个小伙子以出人意外的敏捷动作，跳上擂台。法国拳师傲慢地直起腰来，仔细打量起这个小伙子来。

　　这个小伙子身材并不高，大约只有1.60米左右，比起法国拳师，整整矮了一个脑袋；伸出手来，比起法国拳师的肩膀也短了一截；至于脚杆短，那就更不用说了；脸色却是油亮黝黑，双目有神，紧紧地盯着了法国拳师的眼睛。小伙子没有刻意打扮，仅仅脱下了外面的军装，穿的是一件白色衬衣,草绿色的长裤。尤其使法国拳师意外的是,脚上竟然穿着一双普普通通的草鞋。

法国拳师在端详了这个小伙子以后,心里暗暗发笑:你算老几?敢来这里较量,只消轻轻一腿,就把你踢上九重天。

法国拳师高傲地昂起头,把拳伸出,直抵小伙子胸口;小伙子也伸出拳头,由于法国拳师的手长,小伙子无论如何绕不过法国拳师的手臂,更无法触及他的头部。交了几个回合,小伙子很难发动进攻,因此改变策略,直接向法国拳师手臂击去。法国拳师顿感有如铁棒敲打的力量,手臂发软,似乎麻木,大呼不平,硬说小伙子身上藏有暗器。比赛暂停。小伙子为了表明清白,当即脱光衣服,赤身短裤,要求再战。法国拳师暗中吃惊,知道小伙子武艺不凡,又有气功,心里有些紧张。比武重新开始,小伙子稍加交手,即用腿一扫,想不到小伙子脚上的草鞋绳索被甩开,草鞋飞舞,在法国拳师的头部上方飞过。法国拳师大吃一惊,以为是飞刀空袭,正欲躲避,小伙子另一脚踢来,拳师站立不稳,小伙子全身运气,用"和尚撞钟"的拳术,低头,连人带拳,一齐向法国拳师的腹部撞过去,拳师一下被撞翻在地,大约过了两三分钟才翻起身来。然后又遭一连串拳击,只能跪地服输。

一阵阵掌声淹没了整个跑马场。小伙子不好意思,一溜烟地从人群中钻走了。法国拳师精疲力竭地拖着大块头的身躯,走下擂台。他还有什么可讲的呢!第二天,这位自称"法国大力士"就不声不响地离开了昆明。这时,昆明人民的注意的已经不是这大块头的法国拳师(他很快就被人们忘记了),而是那个打败法国拳师的小伙子。他是谁呢?这个小伙子就是十多年后掌握云南省政权的龙云,不过他当时的名字不叫龙云,而叫"龙登云"。

龙登云其时是云南陆军讲武堂快要毕业的学员。他平时喜欢武术,

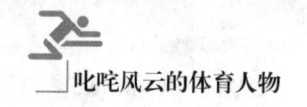

但却从未正式上过阵。所以，法国拳师摆擂三天，他并没有想到要出场。当时他的同班好友劝他说："龙登云，试试看。"由于龙登云没有思想包袱，敢打敢拼，加上幼年在昭通老家曾有著名拳师马得胜（回族，外号"马汤元"）等人的指教，武功底子不错，因此出乎意外地把法国拳师击败了。

龙登云由此大显身手，并且为他以后的发展奠定了基石。直到晚年，龙云对自己青年时期打败法国"大力士"一事，仍然感到异常得意。

巴甫洛夫与体育科学

我们都知道，学习掌握运动技术的过程是一个"条件反射"形成的过程，即由观摩到不断练习至熟练掌握的过程。但是你知道这一规律和学说是由哪位科学家发现的吗？你也许知道，在读书以后做运动是清醒脑力的好方法，但是，这一积极性休息的理论又是谁建立的呢？这些都是由伟大的俄罗斯科学家伊凡·彼特诺维奇·巴甫洛夫（1839—1935）在生理学领域的卓越发明。他是近代体育科学、运动生理学理论的奠基人之一。巴甫洛夫不但在理论研究上，为体育运动发展开辟了广阔的前景，而且他本人也是一个体育健身的实践家，为我们科学健身和建立合理生活方式树立了光辉的榜样。

巴甫洛夫每天的生活是自己精确地规定好了的。每早7点半以前起床，早操与盥洗之后，在8点钟用早餐。8点半以前做好这一天的工作计划，然后在家里的书房里开始工作。以后再去科学院领导着同事们来进行工作。每星期中工作最紧张的一天是星期三。在这一天，他在科学院主持着一个和同事们一起开的座谈会，直到正午12点，下午两点以后就在精神神经病医院中工作。晚饭总是要在下午6时才能吃。以后就休息两小时，晚茶之后回家，在自己书房里写手稿。巴甫洛夫每天总计工作12小时，睡8个半小时。

在这样严格的生活规律之下，他的劳动效果是非常之高的。

巴甫洛夫在工作时，总是聚精会神地高度集中着他的注意力。他也要求旁人与他一样。他不愿人家因过度疲劳而发出怨言，他认为疲劳过度是工作无组织性的结果。

巴甫洛夫极重视利用自然的力量（如空气，水，阳光）来锻炼自己。他认为必须使自己的身体逐渐地适应温度的急剧变化，适应寒冷、风暴以及潮湿。巴甫洛夫不因寒冷而用大衣把自己紧紧裹起来。他从不穿冬天的皮袄、毛靴或用温暖的围巾。从他在里亚赞打猎时起，直到晚年在涅瓦河畔散步时，他的服装总是简朴的。

他说："皮肤是人体与外界环境之间的最永远和最可靠的一道壁垒。要保护身体，必须先从保护皮肤着手。"

在20多年中，巴甫洛夫早晨在室温之下进行沐浴。夏天在柯尔杜什时，不管什么天气，他每天早上总是要洗澡。而在睡觉时，则不论冬夏，他都要把气窗打开。如果巴甫洛夫因为身体有点不舒服，或者其他的原因不能沐浴时，他就把手放在水盆内浸着，这样就能让他感觉舒服些。这种水浴的习惯，就是巴甫洛夫之所以一直到高年，而心脏与血管仍能保持着极好状况的原因。

他整个一生都只爱吃简单而卫生的伙食，绝不拘泥于某种严格的饮食习惯。他各种食物都吃，甚至油腻的东西也能吃（只不吃纯脂肪），但对水果和蔬菜却特别重视。

对各种食物，即使是自己最喜欢吃的东西也好，他从不让自己吃得太多。他把食物用刀子切得很细，然后放在口中细细咀嚼。他吃时从不急急忙忙，也从不谈到会引起精神极大兴奋的问题上去，而只是专心品尝着食物烹调的滋味。他着重地指出老吃干的食物的害处。在巴甫洛夫的又一经典著作《关于主要消化腺的工作》中，谈到用膳时一定要先吃汤。含有肉汁与蔬菜汁的汤能促使胃液大量的分泌，这是有助于消化作用的。

巴甫洛夫厌恶酒，因为他认为酒是破坏新陈代谢的东西。不过他却没有把吸烟及尼古丁的害处与酒的害处相提并论。但是他认为不吸烟总是好些。他说过这样一句话："不喝酒，不用烟草来毒害心脏，凭着这个就可活100岁。"

巴甫洛夫对睡眠极为重视。在睡觉时，因睡眠而起的抑制作用，可以影响整个大脑中枢，使肌肉的工作得到停止，使整个神经系统得到休息。至于睡眠的长短，则因年龄、脾气、性格及工作性质而不同的。

巴甫洛夫不赶夜工。他严格地保持了他的睡眠时间，也从不服用任何催眠药。他认为睡前应该在新鲜空气中散散步。这样，就可防止失眠。

从来就没有听见他说过疲倦得要命，或者是头痛以及工作太重了之类的埋怨话。巴甫洛夫具有在其他一般从事着紧张的脑力劳动者的身上所不大常见的特点。他能长久地坐着不动进行工作，而不一定要在中间活动活动。他有充沛的精力，使他能忍受这一点。与同事们开会时，或是遇到实验室来访问的客人们谈话时，他总是兴致勃勃，而且说起话来是那样地生动有趣。

在会议上谁也不能故意拖长说话的时间。每个人都在谈必要谈的，或者说自己知道得很清楚的事，或者向巴甫洛夫请教业务上的事情。因此这种会议总不会超过两小时，可是收获却非常之大。

在给世界各国记者们写比较重要一些通讯时，他总是亲自动笔。他精确地分配好哪些是在实验室写，哪些是在家里写，而从来不带着很多的手稿进进出出的。

巴甫洛夫还有一个出色的特点，就是对大自然和体力劳动的爱好。他一贯地栽花种菜，在这种劳动中，也表现出来了他的聪慧的系统性，而这种系统性建筑在他的丰富的生活经验与科学经验之上的。他以自己的事实证明了劳动与休息互相交替是何等的重要，也证明了在从事各种不同的劳动时，因可以将注意力从这一种工作，完成转到另外一种工作方式上去，所以能够改变着大脑活动的性质。前面已经提到过他很喜欢运动。从童年一直到老年，他都醉心于体操及各种运动的练习。他对早操一直就没有间断过。至于早操的方式，则是按照自己的年龄而亲手制订的。一直到60岁（做医务工作者体操协会主席时），巴甫洛夫每周还要荡一次秋千，作吊环运动和鞍马运动。到1919年（巴氏70岁时）巴甫洛夫仍然热爱着骑自行车。

70岁以后，他仍坚持一个有益处的全面性体育锻炼——步行。他还有一样从幼年一直到老都爱玩的游戏，就是掷棒游戏。每次他都是玩得特别有味。当体育运动委员会对这种民间游戏作出是有运动价值的评定时，他深为满意。他津津有味地玩着这种游戏，而且高度地保持着一种比赛的精神。他认为比赛的情绪，不仅是可以把运动者的内在力量发挥出来，而且还能鼓舞着旁观者（如啦啦队员们），只不过是在程度上有一点差别而已。

巴甫洛夫是很容易从某一种活动转到另一种活动上去的。他终年在实验室中紧张的工作，领导着精确的科学实验。做手术，翻阅堆积如山的书籍和手稿。但去希拉姆亚基的别墅（在芬兰湾的岸边）休息的时候起，巴甫洛夫就好像把那些科学工作忘得干干净净了：看小说、游泳、散步，即使是对到他别墅来作客的同事，他也绝口不提科学工作的事，也决不让他们谈起实验室的任何问题来。

在俄罗斯中部或在靠近列宁格勒的柯尔杜什度暑假时，巴甫洛夫每天

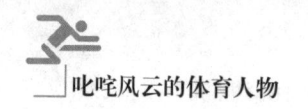

都要循着他找好了的一定路线（即有着各种不同样式的道路，以及上坡下坡互相交替着的路）来作很长的步行。

在城里住的时候，巴甫洛夫也注意到了在星期日应该从事别的活动的问题。他是一个美术鉴赏家，很喜欢图画，收集邮票、蝴蝶和甲虫。有时他也玩玩纸牌，或者同家里人，同朋友们聊天。经常有客人晚上到他家里去玩，一起开收音机听音乐。

巴甫洛夫独特的生活风格——纯朴、热诚与健康——帮助了他精确地进行工作，促成了他的长寿和惊人的工作能力。他活到86岁，唯一的一次生病是流行性肺炎。但令人悲恸的是：这次生病竟成了这位伟大学者溘然与世长辞的不治之症。照他的健康情况来说，他应该还能活很多年来丰富着科学的内容，以及使俄罗斯生理学的荣誉更加发扬光大。

崭露头角的亚洲面孔

荷兰经过10年申办，终于如愿主办奥运会。1928年7月28日—8月12日在阿姆斯特丹市隆重开幕。

来自46个国家的2724名男选手和290名女选手参赛。阿姆斯特丹位于阿姆斯特尔河口，是荷兰和欧洲重要港口和运河汇合地。阿姆斯特丹经济、文化发达，居民喜爱体育运动。荷兰人素以开朗、宽容著称，这种开明、宽容特性促进了女子奥运史上第一次允许妇女参加奥运会田径比赛！对于这个具有划时代意义的事件，顾拜旦十分恼火。但这届奥运会女子田径比赛首获成功，为女子竞技体育发展树立了良好开端。比赛项目有100米、800米、4×100米接力、跳高和铁饼。女运动员的出现，"让人看到美和优雅的象征"，但女子800米赛引来极大争议。

日本运动员在本届奥运会夺得金牌，这在奥运史上尚属首次。23岁的织田干雄飞身一跃，夺得三级跳远冠军，这绝非偶然。自从上届奥运以来，他决心要为亚洲争气，在4年准备中，堪称全力倾注、刻苦训练。织田在阿姆斯特丹的胜利向全世界表明，亚洲人在国际体坛受人轻视的时代已经结束了。

织田，1905年3月30日出生于广岛，自幼喜爱田径运动，在中学时，他曾作为选手参加过日本——法国田径对抗赛，一举取得两项冠军。1931年10月27日，织田干雄在东京创造了三级跳远世界纪录（15.85米），他作为日本田径队队长兼教练，培养和指导了连获三级跳远奥运金牌的南部中平和田岛直人，构成了"织田——南部——田岛"三次夺取奥运金牌的三级跳。因此，织田对创建日本田径"黄金时代"，以及对奥运舞台上为亚洲人争光方面，做出了不可磨灭的贡献。

织田干雄后来长期担任体育记者，他著有《田径运动发展史》《奥林匹克运动史》等十余部著作，同时还任早稻田大学教授。为了表彰织田，国际奥委会曾授与他奥林匹克银质勋章。全世界获此殊荣的人并不多。

另外在这届奥运会上，日本女选手人见绢枝获800米跑亚军，成为亚洲第一个获得奥运奖牌的女选手。她还在本年5月创造了第一个女子跳远世界纪录（5.98米）。她的顺风成绩甚至达到6.075米。人见绢枝一生献身体育事业，她曾毕业于日本女子体育专科学校，后任大阪《每日新闻》记者，著有田径书多册。她只参加过一次奥运会，24岁便不幸早逝。为了纪念她，人们在她的家乡——日本冈山县为她立了一尊铜像。

日本水上健儿第一次在奥林匹克泳池中崭露头角。鹤田义行以2分48秒获200米蛙泳金牌。日本队获4×200米接力银牌。高石胜男获100米自由泳铜牌。

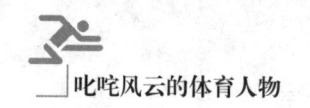

随着历史的发展，阿姆斯特丹奥运会从某种意义上说已进入了一个新的历史阶段。在这次奥运会上，第一次出现了电台转播的纠纷，第一次出现商业赞助。

阿姆斯特丹组委会做出规定：禁止广播电台向国外进行实况转播，一来保证观众来源，二来保证报刊记者利益。美国可口可乐饮料公司在1928年向美国队提供上千箱饮料的赞助，这种1886年由美国药剂师彭贝尔通发明的加有咖啡因的饮料从1926年走向世界。有魄力有眼力的可口可乐总负责人维希普亲临了阿姆斯特丹奥运现场。更有精明的荷兰人，将奥林匹克五环标志印在衬衫上出售。新上任的国际奥委会主席巴耶拉图表示不得不把精力放在对付商业化对奥林匹克运动的侵蚀。奥林匹克运动面临新的挑战。

世纪最佳冠军

1950年，世界体坛上曾评出过一位"20世纪上半世纪最佳冠军"，他就是美国的杰姆·索普。当时，与索普一起参加评选的候选人有四位，但索普一人所得的票数竟比其余三位的总数还要多，足见索普在当时世界体坛上的影响之大。

索普这一荣誉是受之无愧的。他出生于一个爱尔兰族和印第安族结合的家庭。自小在草原上奔跑、骑马，练就了非凡的体魄。他跟体育的缘分是在一所印第安学校读书时结上的。那时候，他爱上了橄榄球，一有空就到操场上跟同学们打橄榄球。18岁时，他成了一支中学生橄榄球队的主力队员，并参加了足球训练。接着，他又先后同田径、棒球、篮球、乒乓球、曲棍球、体操、游泳、摔跤、划船和网球等运动打上了交道。令人叹服的是，他学一样精一样。在足球运动中，他曾率领一支由印第安人组成的足球队，战胜了在美国颇有声望的哈佛大学队；又是他这支印第安人足球队还以27∶6的悬殊比分击败了被认为是不可战胜的美国西点队，这场比赛中他一人就踢进了22个球。此外，他理所当然地被选进美国国家足球队。又如在田径运动中，他曾在一次国内运动会上参加五个不同项目的比赛，结果全部夺得冠军。因此，他又曾是美国国家田径队队员。

1912年，索普有幸代表美国队参加了在瑞典斯德哥尔摩举行的第5届奥运会田径赛。8天之中他共参加了17个项目的比赛，其间最为轰动的是他同时参加了体力消耗最大、持续时间最长的五项全能和十项全能这两个个人项目的比赛，并且居然把这两个项目的金牌都夺了去，每个项目的成绩都远远超过第二名。这堪称奥运会史上空前的壮举。

在授予吉姆·索普象征奥运会优胜者的桂冠时，瑞典国王古斯塔五世称赞他是"当代最杰出的国王"。全场观众为他鼓掌，甚至当时的总统理查德·塔夫脱也给他打来了贺电。从没有一个印第安人获得过他这样高的荣誉。生命的火花在迸射，田径才华在放光辉。25岁的吉姆·索普只觉得未来是属于他的，他的前程似锦。他哪里知道自己的田径生涯竟会在这最佳年华结束呢？

1913年1月，刊物上出现了署名查尔斯·克棱斯的文章，揭露了吉姆·索普曾以周薪15美元的代价为职业球队打过橄榄球，从而否定了索普的业余运动员的身份。业余田联过问此事，着手调查。美国业余田联、美国奥委会取消了吉姆·索普的比赛资格，并将案卷呈交奥委会，1913年5月26日，索普因身份问题被取消了冠军的称号，奥委会追回了他所争夺到的两枚金牌，补授给瑞典的威斯兰德尔，遭到了他的拒绝。威斯兰德尔还说："冠军不是我，是索普！"

吉姆·索普曾对剥夺他的权利的决议提出抗议："我在1909年、1910

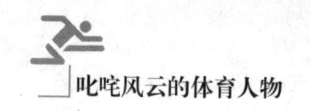

年两年的暑假里确实参加过橄榄球队。我的同队至今都是业余爱好者，我不知道我打橄榄球会危及我的业余运动员的身份。"啊，吉姆，年轻的吉姆！当时只需略施小术用一个化名就可以避免今天的麻烦了！这个出身于印第安部族的美国公民，就这样轻易地被奥林匹克遗弃了。

业余的门被堵死了，剩下的只有一条出路，那就是做一个真正的职业运动员。吉姆·索普打了10年橄榄球，当了10年的球星。待遇优厚，但坎坷的人生道路造成了他的早衰。因而使他在球队中的地位逐渐降格，挣的钱越来越少。此后，他丢掉了运动场，或者更确切地说：运动场丢弃了他。为了生存，他从事过各种各样的职业：儿童体育教练、果品收购者、看护……一个世界最优秀的运动员穷困潦倒了。幸亏他的好朋友们在洛杉矶的市中心给他凑钱开了一个小小的酒吧间。好心的人们常来这里看这位昔日的冠军，今日的失意者。听他讲自己胜利的喜悦、被剥夺了金质奖章的痛苦和不平。

他写过一本书，但没人愿意给他出版。有人根据他这本书，把他的事搬上了银幕，但这充其量也不过给他带来一笔不算多的款项。

人民毕竟是不会忘怀为祖国争得过荣誉的人的。就在索普横遭厄运的年月里，美国人民却对他表现出无限同情和关切。1932年当第10届奥运会在洛杉矶举行时，成百上千的美国同胞拿出自己所购得的门票给穷困潦倒的索普去观看。就在这种感人的场合中，索普得到了美国总统柯尔蒂斯的接见，并且被请上了主席台与副总统坐在一起。

1952年，吉姆·索普得了癌病，需要很多钱治疗。他的同族印第安人为他募过捐。1953年3月，吉姆·索普走完了他艰难坎坷的生命里程。临终的最后一句话是："还我金牌。"

1912年，吉姆·索普因触犯了奥委会有关业余运动员身份的条款而被永远逐出奥运会竞技场。他死后，一位名叫罗伯特·惠勒的历史学家兼记者，又利用了奥委会的规则推翻了奥委会对吉姆·索普的不公正的裁决，为他平了反。1912年斯德哥尔摩奥运会规定：一切有关田径运动员的身份的异议，应最迟在30天之内，呈达大会组织委员会或瑞典奥委会。而当年呈交给奥会的那份对吉姆身份提出异议的电报，却是在大会闭幕半年以后才发出的，早已逾期，它不应具有法律效力，它对吉姆·索普的指控是无效的，由此产生的种种决议也不能成立。经过一番周折，国际奥委会终于决定推翻70年前对吉姆·索普的不公正决定。

不久，国际奥委会恢复了索普的名誉。夺得的两块金牌送到了索普后代的手里，实现了索普临终前要子孙们设法索回这两块金牌的遗愿。1984年在美国洛杉矶举行的第23届奥运会上，那熊熊燃烧的火炬就是由索普的孙子和另一位著名运动员欧文斯的孙女共同点起的。

世纪最佳巨星——欧文斯

1935年5月25日，这是世界田径史上最光辉的一页。这一天，有位运动员创造了田径运动史上最大奇迹：一个人在45分钟内4次打破5项和平1项世界纪录。这个运动员就是称为"黑色闪电"世纪最佳巨星的欧文斯。

这一天，美国十所大学在密歇根州的安阿伯联合举办了一次田径运动会。这次比赛前不久，欧文斯的背部受伤严重，伤势使他整整一周没训练。下午3点15分，欧文斯只打算试一试，谁知100米跑以9秒4成绩平了世界纪录。这一成功使欧文斯信心倍增，3点25分，他来到跳远场地，第一次试跳，以8.13米优异成绩打破了保持25年之久世界纪录。3点45分，他又急忙参加220码跑比赛，他又以20秒3的成绩刷新了220码世界纪录。

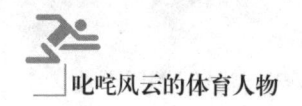

4点，欧文斯赶紧到220码低栏的起跑线上挖好起跑穴。"各就位"，"预备"起跑的发令枪响了，欧文斯像离弦之箭，脱缰野马，第一个撞线，又以22秒6的成绩改写低栏世界纪录。虽然220码比200米距离长1.17米，但是欧文斯的成绩比当时的200米和220码成绩（世界纪录）都高，因此，自然承认他同时破两项世界纪录。这样算起来，他在45分钟内，竟4次破5项平1项世界纪录，令世人惊讶不已！

为何欧文斯能有这样突出的战绩，无与伦比。原因是多方面的。

自古以来，逆境造就人才。欧文斯就是在逆境中成长起来的杰出的人才。

1913年9月13日，欧文斯诞生在美国南部亚拉巴马州丹维尔的一个黑人种棉佃户的家庭。由于家境贫寒，幼年的欧文斯就不得不跟随父母到田间劳动，历尽艰辛。后来他父亲在矿井做工，勉强维持家庭生活，欧文斯为了补充家用，常常放学以后去做工，他小学时给别人擦皮鞋，遭受白人的欺凌。由于长年饥饿不得温饱，从小体弱多病。童年时代在他的心灵上刻下了最大的创痕就是种族歧视造成的黑人屈辱的社会地位。9岁时，他带着纤弱的身体被送进菲尔蒙特技术学校读书。学校里一位体育教师用跑步来改善他的健康状况。在这位体育教师的启蒙下，欧文斯跨入田径运动大门。这位体育教师叫赖利，他鼓励欧文斯在逆境中，树立远大理想，立志成为"世界上跑得最快的人"。赖利告诉欧文斯要实现这一理想，就要"有决心，有训练，有献身精神"，这11个字以后就成了欧文斯生活的座右铭。欧文斯在赖利的教育、教养下，克服重重困难，终于在中学时（1933年）连创四项美国中学生纪录。

1936年欧文斯参加柏林奥运会，他以优异成绩获得100米、200米、跳远和4×100米接力四枚金牌。希特勒观看了当时比赛，但是在给欧文斯发奖时他离开了看台，拒绝向这位黑人运动员发奖。由于欧文斯在奥运会上的辉煌业绩，人们都称这届奥运会是"杰西奥运会"，然而主办者纳粹魁首希特勒竭尽其能事，故意怠慢这位英雄。当时《纽约时报》曾以题为《希特勒还未与一黑人冠军握手》的报道，披露了这一事实。具有讽刺意味的是，当时美国也对黑人歧视。欧文斯回国时也目睹和忍受了这种冷遇。然而欧文斯对这种冷遇不屑一顾，他下决心要为黑人争光。他郑重宣告：我所处的时代，是一个榜样正在树立的时代，这赋予我一种对自己同胞的责任感，黑人需要一个榜样……

一年以后，欢呼声平息了，欧文斯又像过去一样一贫如洗。为了使家庭摆脱贫困，他离开了大学，结束了业余运动员的生活。这位名噪一时全球的短跑家，不得不同汽车、摩托车，甚至与马、狗赛跑。他深为感慨地说：

"这种生活当然使我烦恼，但至少是一条活路啊，人总得吃饭呀！"

度过漫长的战争岁月，1951年他又重返田径场。已经38岁的欧文斯代表美国到柏林比赛。以后他作为奥林匹克的亲善者，做了许多工作。美国奥林匹克委员会执行理事长米勒谈到欧文斯时说："他的成就和为奥林匹克运动所做工作，将永留人间。"

50年代后，欧文斯从事少年体育教育工作。1976年出版了《田径》一书。晚年，欧文斯荣任南加州洛杉矶体育运动博物馆馆长。1980年3月30日，因肺癌病逝，终年66岁。美国总统卡特专门发表哀悼声明，称赞欧文斯"对青少年运动员所进行的工作，对美国人是一份丰富遗产"。

1981年，世界上20家体育刊物评选本世纪最伟大的运动员。"黑色闪电"——欧文斯仅次于球王贝利，排在第二位。美国还设立了"杰西·欧文斯奖金委员会，并在欧、亚、非和大洋洲成立分会，奖励下一代世界体育明星。

1984年美国洛杉矶举行第23届奥运会，美国人特地推选欧文斯孙女手执火炬入场，以表示对这位英雄的无限敬仰和怀念。

叱咤风云的体育人物

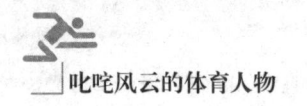

英雄加冠军的风采

在第二次世界大战反法西斯战争中涌现出许多名垂青史的反法西斯英雄，在这些英雄中有的是著名的运动员、世界冠军，其中最有名的是德国维尔纳和俄罗斯朱卡林，他们英雄加冠军光辉事迹，为世界体育史留下了辉煌的一页。

德国共产党员反法西斯英雄维尔纳是位运输工人，他曾6次获得德国轻重量级摔跤冠军，并多次取得国际比赛胜利。1933年，他获得了德国锦标赛的冠军，因他在领奖台上拒绝向法西斯头子行礼，被监禁了一年多，获释后又被禁止参加比赛。在这同时，他继续从事反法西斯活动。他利用出国比赛机会，在一些国际报刊上发表揭露法西斯罪行文章，号召人民团结起来共同对敌。

1942年，他再一次被纳粹逮捕，1944年英勇就义。维尔纳在遗书中写道："我是多么想和同志们以及体育界的朋友们一起享受战后的美好生活啊！"

维尔纳在德国人民的心中享有极高荣誉。为了纪念他并表示对他的尊敬，从1957年起，在莱比锡每年举行一次以他名字命名的摔跤锦标赛。他的精神鼓舞着人们为创造美好未来而奋斗。

在世界体育史上，著名运动员的成长道路，几乎都是家庭——学校——运动场，而前俄罗斯卓越的体操运动员却走的另一条路。

朱卡林出生在俄罗斯的日丹诺夫，从小就喜欢各种体育运动，最使他着迷的是体操。1936年，15岁的朱卡林考入基辅体育中专，正当他在体操界初露头角的时候，第二次世界大战战火烧到他的家乡，战场代替了他梦寐以求的体操馆。朱卡林穿上军装，当上了一名炮兵，投入英勇的反法西斯战斗。战争初期，由于前俄罗斯领导人的麻痹，使大片土地和城市沦入敌手。朱卡林所在部队也被敌人包围，几天后弹尽粮绝，数日滴水未进，最后全军覆没。朱卡林在被俘的四年集中营生活中，进行了艰苦卓绝的斗争。后来俄罗斯军队大反攻，德国法西斯狗急跳墙，将朱卡林等人装进一条装满炸药的船，准备开到公海引爆。在这千钧一发时刻，一支俄罗斯游击队解救了他们。24岁的反法西斯战士朱卡林终于回到故乡，开始了艰苦的运动训练生活。他进入里沃夫体育学院学习。1946年和1947年全俄罗斯体操锦标赛上，朱卡林成绩不佳，只是排在十几名之后，但他并不灰心。1948年起，朱卡林就获得乌克兰冠军，从此开始了他胜利的道路。1949年他获得全苏绝对冠军。在第15届奥运会和第4届世界青联欢节上均获得绝对冠军称号。在奥运会六项体操比赛上，他获4枚金牌和2枚银牌。世界上还未有任何一个运动员获得如此辉煌成就。4年后墨尔本奥运会上，年已35岁的朱卡林，又蝉联了奥运会冠军。

50年代初，朱卡林随俄罗斯体操代表团来华表演，给中国人民留下了深刻印象。当时报刊赞美道："他们的体操表演显示了崇高而优美的形象，这是勇敢和智慧的结晶，是力和美的交响！让世界认识新社会的人是如此健壮，和平捍卫者是如此坚强！"特别是高度评价了朱卡林的体操技艺，说："朱卡林的技术是高到不可想象的，是绝顶了的。"

朱卡林35岁时退役，进入一所大学深造。他常以自己亲身经历告诉青年人：作为一名出色运动员，除了要有高超的技艺之外，还要有坚强意志；后者比前者更重要。

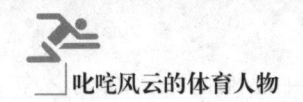

钟爱体育的将军——张学良

1928年，张学良的父亲张作霖被日本侵略者阴谋炸死于沈阳皇姑屯，张将军主持了东北三省的军政事务。他在沈阳北陵建立了规模较大的东北大学新址（包括五个学院），并支持冯庸大学主办了东北三省运动会。在大会期间，张将军在会场十分活跃，带着相机，整日在各运动场巡回拍照。

1929年，为了发展东北体育事业，他决定在沈阳北陵建设一座体育场，指定工学院院长高惜冰、法学院院长臧启芳同工程人员勘察地形，决定场址，由建筑师关颂声设计。全场可容纳3万观众，有500米跑道，是当时全国第一个大型的现代化体育场。现今是沈阳体育学院的运动场。

随着体育场的建成，东北当局请准华北体育联合会，于1928年秋在沈阳举行第14届华北运动会。参加这次运动会的单位和运动员之多，为历届所少见。筹备委员会规定省、市、县、学校和机关团体均可报名参加。男、女运动员约达2000多人。张学良少帅担任运动会的总裁判。为了便利交通，由沈阳火车站至体育场特筑铁路支线，运送来客。比赛项目有足、篮、排、网球和田径。遗憾的是，由于清华大学报名误期，按规定未能参加正式竞赛，乃由马约翰先生率学生参加表演，以致多少影响了华北运动项目的纪录。在大会期间张学良将军曾穿着短袖白衫和短裤出场，并参加了跳远项目比赛。大概由于军务操劳，他的面容不如以前饱满，但精神抖擞，在助跑的速度上并不显弱。曾拍有他跳远腾空时的照片，可惜在"九·一八"日寇入侵时丢失。由于张将军的大力提倡和带头，东北的体育得以向前发展，运动人才也不断出现，如田径运动员姜云龙、于溪渭、刘长春、孙桂云、吴梅仙、王渊、张龄佳、付宝瑞、符保卢、刘仁秀、董汉文；足球运动员肖卢华、谭福祯、张学尧；篮球运动员苑廷瑞、赵凌志、时万咸、杨钟秀、郭效汾；网球运动员孙景泉等多人。

1929年冬至1930年春，为了增强比赛经验，张将军提出派遣球队远征日本。赴日球队领队是东北大学体育系主任马惠吾，足球教练是耿伯威，篮球教练孟玉昆。篮球队长是理学院机械系的麻秉钧（他不幸于九一八事变后，被日寇装进麻袋投入松花江中牺牲）。

足、篮球队在日本转战广岛、大阪、神户、京都、东京等五城市。出发前，张学良先生在日本安排好比赛等各项事宜，并派专人随队照料。两队共赛11场，负4场胜7场。

1930年，由张将军倡导，在沈阳北陵体育场举办了"中、日、德田径运动会"。当时德国的中短跑、投掷、高栏选手布起、舒尔兹，日本的短跑、跳跃国手吉冈、织田、南部以及世界女子百米冠军人见娟枝等都来与会。在百米竞赛中，世界短跑名手吉冈德隆起跑时被刘长春落下半步，德国选手则稍逊吉冈。跑到70米时，吉冈距刘长春尚差一肩。在最后30米，德国选手加快速度冲刺，首先触线，刘长春和吉冈随之而过，吉冈距刘仅一鼻之差。当时刘的成绩为10秒67。会后张学良将军在北陵别墅设宴招待三国运动员。

1929年，东北大学体育系主任惠吾倡议，经张学良校长批准，开办东北大学体育专修科，聘请美国春田大学毕业生王文麟筹组并主持体育专修科工作。1930年，设备逐渐充实，扩大了师资力量，有吴蕴瑞、韩秋圃、步起（德人）、申国权、李剑华、郝更生、宋君复、孟玉昆、彭文余、高梓等。"九·一八"事变后，这个专修科迁到北京，坚持办到1932年学生结业为止。

1931年7月，东北、冯庸两大学的在校学生借暑假之机，组成北风足、

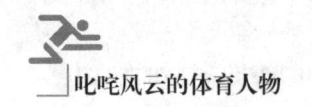

篮球队访问平津两市。队员有谭福祯、王长颖、张学尧、史廷芳、肖鼎华、咸壮怀、刘宝珍、李春风等。由沈阳出发前，已与天津体协聂辅臣协商好赛程。当时的主队多为社会团队和机关、公司等的代表队。暑假期间虽无学校代表队，不过也有不少学校的名手参加。所遇的篮球劲旅是开滦篮球队，他们有后卫邵寿昌、中锋于敬孝、前锋朱宝璋、唐宝森、于敬纯、唐宝等，都是当时的名手，比赛场地在开滦，东北队以8分之差负于主队。

1932年，因抗日而参加第10届奥运会，张学良以东北大学校长名义大力资助赴柏林代表团，个人捐款共1500美元。在7月1日东北大学体育系毕业典礼上，张学良亲自宣布刘长春和于溪渭为我国运动员。

张学良将军不但热心支持体育事业，而且他个人爱好多项体育项目，长期坚持体育锻炼，经常跑步、跳远、打网球，并讲究养生，从而使他在极繁忙的工作中，身体强壮、精力旺盛，年逾百岁而思维敏捷。

杰出的奥运当家人——萨马兰奇

是谁在世界上走访的国家最多？见到的国家元首最多？你也许会说那一定是一些大国的总统、外交部长，例如克林顿、钱其琛等人。可实际上，国际奥委会主席萨马兰奇走访的国家最多，见到的国家元首也最多。

国际奥委会现已承认197个国家和地区的奥委会，萨马兰奇已经访问过160个国家和地区，而且他还承诺要在不久访问所有197个国家和地区。他除了会见过我国的邓小平、李先念、彭真、江泽民等国家领导人外，还会见过美国总统里根、布什、克林顿，前俄罗斯的勃列日涅夫和戈尔巴乔夫，法国首脑德斯坦和密特朗，英国的撒切尔夫人，意大利的安德烈奥蒂，罗马教皇，瑞典、挪威、丹麦、荷兰、摩洛哥、约旦、沙特阿拉伯等国国王，日本天皇，埃及的穆巴拉克，罗马尼亚的齐奥塞斯库，印度的英迪拉·甘地，伊朗的拉夫桑贾尼，利比亚的卡扎菲，古巴的卡斯特罗，德国的昂纳克，朝鲜的金日成，科威特的埃米尔等等。

萨马兰奇对国际奥林匹克运动投入了几乎全部时间、精力和感情。他是个工作迷，总是下了飞机就工作，办完事就走，对当地的名胜古迹却无暇顾及。他到的地方最多，但却不是去游山玩水，而是为了奥运事业发展而奔波和工作。他每天早6时起床，工作10小时以上。他说："我闲不住，工作对我来说是一种愉快。"

萨马兰奇出生于1920年西班牙的巴塞罗那。父亲是位企业家。萨马兰奇腼腆，文质彬彬，却从小喜爱体育运动，爱踢足球，从小还是一名小有名气的曲棍球手。1940年萨马兰奇进入巴塞罗那研究生院深造。1942年在皇家体育俱乐部创建西班牙第一支旱冰球队，并亲自当教练。1951年，由萨马兰奇创建的旱冰球队获世界锦标赛冠军。1954年出任国际旱冰球联合会副主席。1955年他当选为巴塞罗那省议员，他成功地在巴塞罗那组织了第2届地中海运动会，出色地显示了他的才能。1966年萨马兰奇担任了西班牙运动委员会主任，同年被增选为国际奥委会委员。1977年萨马兰奇飞赴洛桑担任国际奥委会执委。1974年当选为国际奥委会副主席。西班牙国王胡安·卡洛斯一世认识到国际奥委会对西班牙的重要性，看到派萨马兰奇到俄罗斯对萨马兰奇竞选奥委会主席有利，于是他支持内阁决定，1977年4月任命萨马兰奇为驻苏大使。又经过4年努力，在莫斯科奥运会开幕前夕，萨马兰奇接替了原奥委会主席基拉本，当选为国际奥委会主席。

国际奥委会百多年的历史中有过几位任期较长的主席，但真正使奥林匹克运动，顺应当代高科技社会复杂变化并取得重大发展的是萨马兰奇。他首先是位改革家。

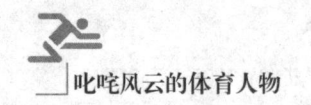

国际奥委会曾长期坚持"业余主义",任何从体育活动中获得物质利益的人都不得参加奥运会。这一规定严重阻碍了高水平运动员参加奥运会。萨马兰奇任主席后第一个果断行为就是取消了这一过时规定,从而大大提高了奥运会的竞技水平。

萨马兰奇作为一个成功的企业家、银行家,对市场知之甚深。他从1984年洛杉矶奥运会的成功中得到了启示,大力开发奥运会经济价值,正确处理了商业和体育的关系。他认为,没有商业的帮助,奥林匹克运动将走向死亡。因此,他主张体育必须和商业结合。1980年萨马兰奇当选主席时国际奥委会的全部资金为2008185美元,然而在1990年国际奥委会资金增加了50倍。

有了钱,国际奥委会就有了施展余地,有的小国声称无钱参加奥运会,国际奥委会就可以资助。有的运动项目尚处发展阶段,国际奥委会也可以支持。这样就使奥林匹克运动生命力在日益增强。

坐落在莱蒙湖畔的奥林匹克博物馆,建筑宏伟、技术先进、收藏甚丰,1995年被评为欧洲本年度最佳博物馆。如今它已成为洛桑旅游胜地,每年约有50万游客前往,它成为萨马兰奇主席任期内的一座丰碑。

萨马兰奇首先倡议仿照古代奥运会期间暂时休战的传统,现代奥运会也应对世界和平做出贡献。他提出"奥林匹克休战"的建议,倡议有冲突的各方在奥运会举行期间及前后各一周休战。经过他多方酝酿和宣传,终于在1993年联合国大会上通过了实现"奥运会期间休战"的决议。

萨马兰奇还努力提高国际奥委会和奥林匹克运动在国际社会中的地位。在联合国50周年大会上他应邀就国际奥林匹克运动发了言,联合国还决定将1994年定为体育与奥林匹克理想年。这是其他任何国际组织所未有过的。

萨马兰奇在奥林匹克历史上第一次选举了女性委员和女性执行委员。

1995年北京世界妇女大会后，他又领导国际奥委会率先做出决定，要求各国奥委会领导机构增加女性委员的比例，在2000年做到使女性委员占领导机构的10%。

文化是萨马兰奇关注的另一个领域。他多次强调"奥林匹克运动是体育与文化的结合"，并且指出奥林匹克运动区别于一般的体育正在于此。

萨马兰奇也很重视环境保护。奥林匹克博物馆曾因要保护一棵古树而专门修改了建筑方案。

萨马兰奇对中国怀有非常友好的感情。他曾不只一次说过："我的真正朋友在中国。"担任主席后他曾六次在繁忙工作中访问中国。出席我国国庆35周年庆典，参观我国第5、6届全运会，第11届亚运会，第1届东亚运动会。1984年中国第一次全面参加奥运会，他许诺要亲自去颁发中国的第一枚奥林匹克金牌。果真是他给许海峰亲自颁发了中国历史上第一枚金牌。他喜爱球风泼辣的中国乒乓球运动员邓亚萍，巴塞罗那奥运会时要去看邓亚萍打决赛和为她发金牌。结果萨马兰奇果真在百忙中信守自己的诺言，这成了奥运会一段佳话。他曾两次邀请邓亚萍到奥委会总部参观访问。

萨马兰奇关心和支持中国申办2000年奥运会，虽然他作为国际奥委会主席，对所有申办国都得同样支持和鼓励，但从一些小事上可以揣摩出他内心的倾向。

1984年在他的提议下，国际奥委会向中国颁赠"奥林匹克杯"以表彰中国对亚洲体育的贡献。也同样是在他的建议一下，在瑞士奥林匹克博物馆举办了一次《中国体育美术展》，他亲自挑选精品出资收藏。在奥委会总部及其所属场所，陈列展出的中国体育艺术品多于其他任何国家。

萨马兰奇已经为奥林匹克运动做出卓越的贡献，他完全可以告老还乡，安度晚年，但他老骥伏枥，雄心犹存。萨马兰奇在接受记者访问时说："我在任国际奥委会主席期间努力工作，世界体育运动不断发展壮大，

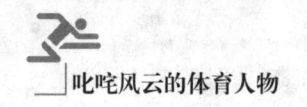

已经成为绝大多数国家一个不可缺少的生活内容,我为我们做过的工作感到自豪。"

夫妻双双把金夺

在奥运史上有一对夫妻双双夺魁,获得四枚金牌,带着丰功伟绩,双双回到家园。这个空前绝后的故事,一直被世界体坛传为美谈。这对夫妻就是捷克斯洛伐克的扎托倍克和茵格洛娃。

捷克长跑家扎托倍克和捷克女标枪运动员茵格洛娃是在1948年全国奥运选拔赛时相识。当时扎托倍克正在做打破国家纪录的准备,正在做操时,别人告诉他,有一位女运动员打破了标枪纪录,他立即前去祝贺,并同茵格洛娃照了几张照片,从此以后他们共同为准备奥运会进行训练,他们都入选参加了奥运会代表队。在赴伦敦的旅途中他为她弹起吉他唱起歌,两人感情迅速发展,当从伦敦回国后不久,他们便结为伉俪。

婚后,他们定居在布拉格,一半时间在家,另一半时间在训练场上。在家里他们是夫妻,在运动场上是相互支持和鼓励的战友。这时的扎托倍克正在首创大运动量训练法。这种方法被认为是对运动方法的一次"革命",对世界体育界产生极为深远的影响。他还首创变速跑的方法。平时练习跑的距离总比比赛时需要跑的距离长,速度也比比赛时快,在变速跑的训练中,他把冲刺距离增加到400米,而且在一次训练中,要不停顿冲刺跑70—80次。这种强烈的大运动量训练法,开始遭到了许多人的责难,认为这是越轨行为。但是扎托倍克很自信,依然我行我素,后来同茵格洛娃结婚后,又得到她的支持,她经常为他按摩,以便恢复体力解除疲劳。

扎托倍克是一个具有坚强意志的人，在超强度的大运动量训练中，他即使是跑得筋疲力尽了，也要命令自己跑下去，直到跑到最后一步。他从不中断训练，哪怕是在最坏的天气和缺少场地的情况下。乘车回国途中，当火车靠站时，他就在火车边跑步，火车徐徐开动，他还要跟着跑一段。

在体格检查时，他可以屏住气3分钟不吸不呼，而一般人1分钟都难以做到。这不仅反映了由于刻苦训练而获得的超常人缺氧耐受力，同时也是他具有超人毅力的表现。

在第15届赫尔辛基奥运会上，扎托倍克进入了他运动生涯鼎盛时期，他在这届奥运会上一举夺得男子5000米、10000米和马拉松3枚金牌，创造了奥运史上不朽的业绩。

奥运会第一天就是10000米。30岁的扎托倍克信心十足，在前8000米只有法国米蒙一直跟在他后面，当扎托倍克加速时，米蒙跟不上了，他拿下了第1枚金牌。

7月24日男子5000米开始了，在短兵相接中，4人多次交替领先。距离终点还有250米时，查大卫突然冲在前头。在进入最后一个弯道时，扎托倍克突然加速，超过所有对手，一鼓作气冲到终点，以14分06秒6的成绩打破奥运纪录并获冠军。

5000米跑决赛正好同女子标枪决赛同时进行。扎托倍克的妻子茵格洛娃正在场地比赛。当奏响捷克国歌授奖时，茵托洛娃情不自禁的在场中高喊："埃米尔（扎托倍克）把奖章给我，我要把它放在我口袋里，作为我的吉祥物。"

她提着这个装有金牌的提包去参加标枪决赛。本来她的标枪最好成绩是47.87米，结果在这次比赛中，扎托倍克的成功给了她巨大鼓舞，似乎她的肾上腺素蜂拥而来，第1次投掷，她就把标枪掷到50.47米这个足以获得金牌的地方，并且成为奥运史上第一个突破50米大关的女标枪运动员。

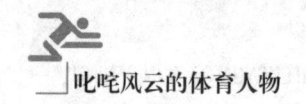

7月27日，扎托倍克参加马拉松比赛，这对于每天训练中先跑5个200米，再跑25个400米，最后又跑5个200米的扎托倍克来说是件轻松的事，最后他以2小时23分03秒2夺得了第3枚金牌。

世界上从来没有人在一次运动会上同时参加三个项目比赛，而且在以后也没有人再现这个奇迹。由于扎托倍克在本届奥运会上的突出表现，人们又把赫尔辛基奥运会称为"扎托倍克奥运会"。同时又由于扎托倍克和茵格洛娃夫妻在本届奥运会共获四枚金牌，这也是历史上从未发生过的，因此有人也将这届奥运会称为"夫妻双夺魁盛会"。

1956年在墨尔本奥运会时，扎托倍克已年逾34岁，但他仍然为了祖国的利益而拼搏。他说："我从来没有去争取个人荣誉，但我对自己的胜利仍然是满意的。我感到幸福的是，我从事的体育事业可以帮助那些正在成长的杰出运动员。"他为了弥补年龄较大、体力下降的趋势，他认为他必须更强壮。为此，他经常肩上扛着妻子茵格洛娃负重跑步。可能由于这种训练过度劳累，他患了疝气病。奥运会前动了手术，由于恢复中影响了体力，但他仍然在奥运会马拉松比赛中获第6名。后来他被卷入一场政治旋涡，这位伟大的长跑家变成了勘探队员，夫妻俩长期分居，始终没有孩子，但夫妻俩仍然恩爱如初。直到1990年，捷克国防部才为扎托倍克平反，恢复名誉。这时他已68岁，他在50万人参加的群众大会上，表示期望能安静生活，他想再跑步，能在漫漫的长跑上体验青春闪光的幸福！

世界顶级大力士

在众多的运动项目中，举重纪录恐怕是刷新得最快的，其冠军人物也如行云流水，他们的名字还未被人们记住，新的冠军名字又出现了。然而瓦西里·阿列克谢耶夫却是例外，他被人称之为"人力起重机""世界最强人""世界头号大力士"，名震环宇。

1972年的第20届奥运会在慕尼黑举行，开幕式五彩缤纷，令人眼花缭乱。细心的记者却发现俄罗斯队中少了一个显赫人物。原来阿列克谢耶夫为避免影响竞技状态故意迟到一星期。这是他首次参加奥运会，他预计比赛将异常激烈，因为前不久比利时选手瑞汀打破了推举和挺举世界纪录，西德年轻选手曼格也以230.5公斤打破了阿列克谢耶夫的推举世界纪录，总成绩已达到625公斤。这届奥运会上首次设置特重量级（110公斤以上），谁将是这个级别的第一个冠军，人们拭目以待。

练习馆里各国大力士都在紧张地做热身准备，唯独阿列克谢耶夫含着轻松的微笑独自踱步。一停下来，他那152.8公斤的身子，如同一堵墙立在那儿。只见他闭着眼，微动着嘴唇。他不是在做祈祷，而是在对技术要领"过电影"，然后才做了些轻量练习。

比赛开始了，运动员们轮番冲向举重台，彼此展开了力的挑战，都想成为最强者。可是随着械铃铃片的增加，台上的人急剧地减少着。当推举增到225公斤时，瑞汀也被淘汰了，不甘示弱的曼格第三次才举起来，阿列克谢耶夫一次试举成功，最后他又推起了235公斤，以10公斤超过曼格。抓举中他不愿冒风险，只抓举175公斤，他的目的是保存实力，要在擅长

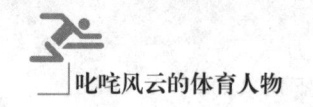

的挺举里再全力以赴。举重固然是运动员力量的较量,然而更是信心、意志和机智的角逐。正确的策略使阿列克谢耶夫获得了成功,他挺举达到230公斤,以总成绩640公斤夺得冠军,也为奥运会创造了"空前绝后"的纪录,因为推举不久就被取消了,以后再也不会有三项总成绩了。

阿列克谢耶夫的成功之路并不是平坦和充满诗意的。他生于俄罗斯卫国战争艰苦岁月的1942年1月7日,家乡是梁赞州的波克罗活——西施基诺村,依傍着山川秀丽的奥卡河畔。兄弟四人中,阿列克谢耶夫最小。他上学时非常用功,守纪律,沉默寡言。同学们逗惹他时,他也不急,是个品学兼优的好学生,在他11岁那年全家搬到了阿尔罕格尔斯克的森林区。新的环境,新的生活使阿列克谢耶夫很快迷恋上砍树皮和放木排。林区小学整个夏天都放假,阿列克谢耶夫就整天"泡"在林场里。他从小身高人大,13岁时,在伐木工人眼里已经是合格的熟练工了。有一次,他看见邻居的伙伴把自己做的土杠铃一连举起了10次,好奇心驱使他也试了试,哪想到他只能架到胸前,再也推不过顶,他感到丢脸比挨皮鞭抽更难耐。于是他自己也找来了个废车轮,每天坚持练习,很快就能一口气举起12次。林区生活对他以后的道路产生了深远影响,每当提起这段生活时,他总是说:"我敬慕那些身体强壮、性格粗犷的林业工人,他们勇敢、豪爽,亲密无间。我从他们身上学到了勤劳、顽强和深厚的生活情趣,也使我确立了一条生活准则:一旦开始,不达目的,决不罢休。"

小学毕业后考进了林业学校,他身高1.82米,体重88公斤,学校里几个运动队都动员他参加,他本人倾向练习举重,可是到了举重房一看,那些瘦小的轻量级运动员竟能举起80公斤,他泄气了,为了不丢面子,他选择了排球。他身高力大,很快在学校和地区成了小有名气的排球选手。

1961年学校开运动会,他所在的系举重实力不足,大家都拉他为本系的荣誉拼一下,他真的以245公斤的总成绩为系里拿了分。学校的体育老师对他说："看来你挺爱打排球，可是你要想当真正的运动员，就应该去练举重。"阿列克谢耶夫认真考虑后接受了老师的建议。

阿列克谢耶夫在林业学校毕业时，结识了一位漂亮而苗条的姑娘，名叫奥林匹亚达，意思是奥运会，搞会计工作。炽热的爱情很快使他们结成良缘。朋友们都风趣地开玩笑说："阿列克谢耶夫和奥运会结上亲了！"

他当时在一家工厂当工人，新鲜的工作，新婚的幸福，都叫他很满足，可很快就强烈地感到有一股发自心灵深处的力量使他离不开举重，他决定到有训练条件的地方去，于是到了罗斯托夫的沙赫蒂，那里有前东京奥运会冠军普克菲尔德尔主持的一所举重学校。

谁想到不久他就和教练在训练方法上产生了分歧，他认为应当"少吃多餐"，就是以中小强度的负荷来完成大训练量的方法。在回顾当时情景时，他说："那是硬干，到了学校，你就去练吧！先给念菜单，你只能听着，随后就全部'吃'下去，一举就是多少顿，人都练傻了，训练中根本不涉及思想。所以每次训练后，我都睡不好觉。"他多次提出意见，都没被采纳，就离开了这位教练。

1968年他参加了全苏举重锦标赛，以三项总成绩540公斤获第三名。不到两年时间，1970年1月17日，他以595公斤创造了第一个世界纪录，两个月后，又在"友谊杯"赛中，成为世界上第一个总成绩超过600公斤的人。到1972年他个人总成绩达到645公斤的新纪录。

蒙特利尔奥运会前（取消了推举比赛项目），110公斤以上级别的纪录已达到442.5公斤，是由保加利亚普拉奇科夫创造的。当时欧洲冠军是德国的邦克，还有几名强手都是奥运会冠军强有力的挑战者。勇往直前的阿列克谢耶夫在这届奥运会上，又以440公斤总成绩蝉联冠军，再次证明了他是世界最强壮的人。

当问他取得成功的诀窍是什么？他说："如果说有秘密的话，那就是

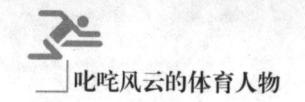

为了达到新的高度，我用的每个方法，都有鲜明的针对性。我的方法在俄罗斯也有人用，可收效不大。我认为这不在于力量和天资，而在于头脑，所以我想最好让那些有天资的选手受一次伤，迫使他休息一年，好有时间去回顾、思考自己的问题。要不是因背部受伤折磨了我一年半的话，我也不会认真地审度过去的问题，更不会有今天的我。挫折能使人变聪明，当然这是指有上进心的人。"

阿列克谢耶夫正是精神境界较高，才使他的潜力有如喷泉涌流不止，他说："举重运动员要对自己有信心，要敢于去夺取胜利。""荣誉不是良药，它会惩罚人，越把它看得高，越会感到沉重，那时无论做什么都不正常了。可喜的是荣誉没把我搅昏，我仍然和大家一样，是个平常人……"我的座右铭是："努力！努力！再努力！"

出色的运动家杨传广

1963年，在美国西海岸圣安东尼奥学院举行的一次运动会上，台湾十项运动员杨传广，比赛完第九项时，积分已达到8876分，比美国十项运动员约翰逊创造的世界纪录高出200多分。最后一项是1500米，杨传广虽十分疲劳，而且两腿突然抽筋，疼痛厉害，但仍然咬紧牙飞奔，最后居然突出9000分大关，创造了专家们认为不可逾越的世界纪录。他的成绩是9121分。因此杨传广被称为"世界上最杰出的运动家"。

1954年杨传广在第2届马尼拉亚洲运动会上一鸣惊人，夺得十项全能冠军，积分5454分，被誉为亚洲铁人。9年来，他每天跑、跳、投，在千万次训练中，不知流多少汗，花费了多少心血，才辛辛苦苦换来了

9000多分的成绩。9年时间，他的积分居然提高将近一倍，这一奇迹是怎样创造的？

杨传广出生在台湾台东县一个体育之家。父亲是一位棒球和田径选手，原是县100米、200米冠军，母亲也曾是一位短跑健将。杨传广有四个姐妹，他是家中唯一的男孩，父亲非常喜欢他，四五岁时就常跟着父亲去参加体育活动，但是在学校里，小传广跑得并不快，球也打得不好。每次运动会，他常落后，从未得过第一名。别人嘲笑他给运动家的父亲丢丑脸："父亲那么出名，儿子却不争气。"

嘲笑，却成了传广的动力，他虽是小学生，却暗下决心，发誓要练得真本事，既要跑得快，又能打一手好棒球。有一次，他看到父亲的跑鞋，十分感兴趣。他悄悄地把父亲钉鞋穿上，可觉得太大，他便自作聪明地找来针线，把钉鞋缝小，高兴地穿上钉鞋去练跑步。回到家，父亲看到他把钉鞋弄成这个样子，大为发怒，不过父亲在责骂之后，还是原谅和关心他的。父亲高兴地对儿子说："你的兴趣既然这么大，我就有责任来好好培养你。"

可是第二次世界大战的烽火打断了父亲对儿子的培训计划，为了逃避军国主义的轰炸，杨传广从平原搬到山区。少年时代的他，每天奔跑于峻岭之间，这倒为他创造了锻炼身体培养勇气的机会。有一次，他在山路上遇到了一条眼镜蛇，他大胆地用父亲给他的弓箭射死了毒蛇。山区的自然条件使他长就了一副结实的身材，练出了一副铁脚板。然而，山区的不良卫生条件也给他带来灾难。他患了严重的疟疾病，病愈后回到老家，当他十四五岁时，疾病又复发了，他在床上躺了一年，身体不断消瘦，体质衰弱。好长时间，连他自己都产生了会死的念头，他对生命失去了信心。

"有一位名医很高明，也许可以治好传广的病。"一位朋友对传广父亲介绍说。父亲立即请来那位医生，经检查诊断，这位医生说："不必烦

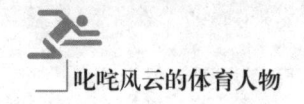

恼，你可以治好。"结果，只服了两三天药竟全好了，继续吃了一个月药，病就全根治了。

病后的杨传广十分消瘦，只长个儿不长肉。他的身材超乎于平常人，同学中，别人只及他的肩膀，取笑他叫"长竹竿"。但他没有自卑下去，而是暗自振作起来，他对自己说：

"不管别人说什么，我要学着忘记它。"

"如果做一件事，就一定要成功。"这是满18岁的杨传广给自己立下的誓言。他每天练跑步，练得父亲都感动地说：

"练吧，只要练，总有成果的。"他在校运动会上首次获得百米跑第三名。别人仍然笑话他："这么大个儿，才得第三名。"传广听了很难过，父亲却鼓励他："啊，不要难过，日子长着哩，你会长出肌肉来，生出力量的。"后来，传广进入台东县农业职业学校就学。那时，他除了练跑外，还对棒球特别喜爱，他要求参加棒球队，由于体力和球艺不行，被拒绝了。他决心要打好棒球。暑假，同学们旅游度假，他却整天在炎热的阳光下勤练棒球。秋季回校后，校长知道了他的苦练精神，亲自叫他去，把棒球手套球衣交给他："好好练吧！"他终于成了一名棒球队员。但是，因为缺乏力量，经常将掷球动作做得很滑稽，又引来了同学们取笑。教练为此大发雷霆："你们嘲笑别人，来日方长，总有一天，他会笑你们的。"教练的话，给了传广多大的鼓舞和力量啊！经过不断的勤学苦练，传广的击球和接球技术大有进步。他击球好，又能跑，身上的肌肉也丰满了，他成了一位高大健壮的运动员。他投的快球、堕球、曲球，十分出色，是学校里最佳投手。有一次，给他"三振"出局的竟达17人，他们校队在外面比赛，常获冠军，获得过一座高大漂亮的银杯。当教练在庆功会上介绍杨传广进队情景时，那个嘲笑他的同学惭愧得直落泪。

棒球运动的迅速发展，使杨传广的奔跑能力大大提高，在全县运动会上他的成绩名列前茅。1952年，他到台北参加全省中学生运动会，以1.83米的成绩获跳高第一名。第二年，他又在全省运动会上以6.85米的成绩获跳远第一名。

为了争取参加1954年的亚洲运动会，杨传广放弃了打棒球，专练田径，但在亚运会选拔赛中，他的跳高、跑远成绩不理想。当时田径代表队只取21名，他被列为第21位人选。

杨传广在集训中练跳高跳远，但他的好奇心和竞争不服气心理驱使他也练其他项目。他把自行车当成高栏跨，抽空读了不少跨栏的技术书。教练见他不专心练自己专项，十分不高兴。一次周末测验，杨传广突然问教练："我可以参加跨栏测验吗？""你在开玩笑吗？""不，我很喜欢跨栏。""好吧。"

出乎意料，杨传广以16秒优异成绩击败了所有110跨栏选手。后来，他的成绩提高到15秒7。接着他又练标枪，三星期后，又把所有标枪选手击败。这时教练对他说："你愿意试一试十项吗？"

杨传广有些拿不定主意："我不会撑竿跳，也不喜欢跑1500米，而且100米、200米也没试过。"教练对他说："你参加十项一定能在亚运会上出成绩。"教练的话使他坚定了信心，于是杨传广开始练十项。十项运动不仅要有强壮体力，还需要有坚强的意志。杨传广第一次参加测验时，才真正尝到它的苦头，实在太辛苦了。当练完九项后，他已是筋疲力尽，还得跑1500米，当拼命跑完后，几乎垮了。周末，常人难以忍受的苦楚，一次次动摇他的信心："算了吧，还是练我的单项吧。"但是，想到教练和大家对他寄托的希望，他还是坚持下去了。他终于在亚运会上第一次夺得一块十项全能的金牌，并且获得"亚洲铁人"的荣誉称号。

1956年，杨传广参加墨尔本奥运会，以6521分的成绩夺得十项全能第8名；1958年他蝉联亚运会冠军。之后，他到美国进修一年英语，考进加

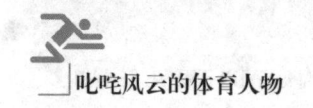

利福尼亚的洛杉矶大学体育系。他刻苦学习了生物、化学、物理、数学、生理解剖、运动学、教育学、心理学等课程，学业优良，四年毕业时，获体育学士学位。此后他仍留在大学里攻读硕士学位，最终获体育硕士学位，成为我国第一个既是冠军又是硕士的文武双全人才。他向着"野蛮其体魄、文明其精神"的全面发展方向迈出了一大步。在洛杉矶，在读书学习十分紧张的情况下，他每天6时起床锻炼，7时上课，下午4—6时训练。每天除基本训练外，必做力量训练，出尽大汗才罢。

大运动量训练，使杨传广消耗极大，食量猛增，每餐经常吃"双份"。然而每次十项全能比赛，两天时间从早到晚，大约得花12小时，体力消耗更大，由于过度紧张、劳累却吃不下饭，他硬着头皮吃饭，这像是一杯难以饮下的"苦酒"。

1958年，杨传广到美国求学不久，与华侨后裔周黛茜小姐结婚。周原是加州大学一位研究生，学的是企业管理。她对传广从事体育专业学习和竞赛积极支持。她常说："我虽然不懂体育，却十分喜欢耐心地陪杨传广去看训练，无论是单调的练习，还是激烈的竞赛，我都心情激动。"一些体育界知名人士都说："黛茜女士是杨传广成功因素之一。"

1964年东京第18届奥运会前夕，杨传广近31岁，已是两个孩子的爸爸。一般来说田径运动员25岁以后就走下坡路了，而他却相反，在25—30岁运动年华中，出现了璀璨的黄金时代。1960年他打破了俄罗斯运动员库兹涅佐夫创造的8357分的世界纪录。1963年又破9000分大关，创下了世界纪录。东京奥运会，杨传广再次埋头奋战，在感冒发烧，腿脚抽筋的情况下，获得7665分好成绩，获第5名。

由东京回美后，杨传广退出运动场，当他的教练瑞克的助手，成为洛杉矶大学教授。

杨传广打破世界十项全能的纪录，这在世界范围内引起震动。西方人曾经断言"中国人在田径、游泳项目上要达到世界水平，那是遥远的下世纪的事"，杨传广的成功彻底摧毁了西方人的蔑视。事实证明，中国人有能力攀登上田径运动世界先进水平。真可谓：不畏艰险争上游，奋发图强一片心，莫谓东方皆落后，亚洲崛起有黄人。

明星制造坊

任何有群体的地方，都要有一个领军，然而当教头却十分受罪。因为当其所领导的队伍或队员夺得锦标时，这些躲在幕后的教头往往是最后才被想到的功臣，可是当其旗下弟子出兵失利时，他们却成为首当其冲的祸首。

日出日落，国际体坛的运动明星如恒河沙数，难以尽录。相对而言，举世知名的教头则寥寥可数。远的不谈，近来战绩彪炳，或作风别树一帜的名教头，你又可以举出多少位？

拳击教练邓迪

所有成功运动员回首往事时，一定不会忘记当年提拔自己的恩师，因为只有这些恩师，才能把技术未臻完美的他们训练、雕琢为如今独当一面的体坛巨星。这些致力提升有潜质运动员素质的教练，昔日可能不收分文，只全心全意训练运动员，把他们推上高峰；今天，这些教练有些因此名成利就，有些可能仍只是无名英雄。其中的佼佼者，自然不能不数拳王阿里的教练邓迪。

早于1960年罗马奥运会取得轻量级拳赛金牌的阿里，技术潜质自然是不容置疑的了，但也得依仗邓迪的训练，才能把潜质极佳的阿里再推升至另一个层次，也靠邓迪的帮助，把人们心中一向的重量级拳手的形象扭转

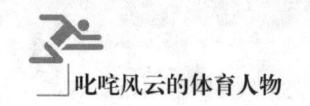

过来，使阿里成为拳坛上家喻户晓的人物。

富有潜质的阿里也有其弱点，他的脚掌扁平，身体略笨重，于是邓迪在采用一般训练之余，也加入了一些新训练方法，例如举重、体操等以训练阿里的力量。然而，邓迪最注重的还是提升阿里灵敏度的训练，因此阿里还要接受越野长跑、弹跳、跑步等训练。

1963年，邓迪一个明智的判断进一步奠定了阿里在拳坛历史上的地位。当时，阿里在伦敦迎战库柏，在第二个回合阿里被库柏打得落花流水之际，钟声响起，邓迪为了要延长休息时间使阿里得以充分恢复体力，他撕开了阿里原本已破了的手套。正因为阿里有足够的时间休息整顿，他站回擂台时已能再次镇定下来，沉着应战。邓迪英明的做法，确实协助阿里胜出了漂亮的一仗。

足球教练米歇尔斯

一位好教练，除了要懂出色的战术调配外，也要能推动及鼓励运动员，米歇尔斯便堪称为一位好教练了。这位荷兰足球队教练创出"全能足球"，并于20世纪70年代为球坛写下一个神话。1974年及1978年的世界杯中，荷兰队的全能足球赢得每一位球迷及足球专家的推崇及赞誉。在米歇尔斯的带领下，球员能充分表现其足球天分，更能充满信心地盘球及走位，当时克鲁伊夫年代的荷兰足球，真是令人十分赏心悦目的。

9年后，另一批极富天分的荷兰球员出现，在他们赢取欧洲国家杯的背后，也是得到米歇尔斯的支持。中场"发动机"里杰卡特尔德、天才古利特及致命的前锋巴斯滕轻松地取得1988年欧洲国家杯。1990年的世界杯，本来被看好的荷兰队，却因球员只愿意跟随米歇尔斯的带领，不愿由别人做教练，而使球队军心动摇，否则，1990年由荷兰赢取世界杯也并非梦话。

田径教练罗丹

要数好教练，也不能不提罗丹，他是短跑好手克里斯蒂的教练。打从1986年赢得欧洲室内田径锦标赛的100米冠军后，克里斯蒂更赢取了一连串的田径锦标。在1992年奥运会中，克里斯蒂赢得100米金牌，赛后，他把这荣誉奉献给其教练罗丹，因为正是罗丹能把昔日一个平平无奇的运动员提升为一个世上跑得最快的短跑高手。罗丹个性低调，但是克里斯蒂却总爱使其教练大露锋芒，因此，每次比赛后，克里斯蒂总要向罗丹致谢一番，并在衣服上印出向罗丹致谢的语句。

花样滑冰教练嘉露维

有些教练和运动员小时候已认识，好像双人花式滑冰选手托维尔及迪恩就是小时候在他们的家乡跟其教练嘉露维女士相遇相识的。嘉露维给他们的鼓励，使他们成为了历史上最杰出的双人溜冰选手。在嘉露维的指导下，他们横扫了欧洲锦标赛、世界锦标赛及奥运的双人花式溜冰金牌。80年代的花式溜冰坛可谓他俩的天下。

此后，他们曾致力于到处表演，但在嘉露维的鼓励下，他们再次重返奥运，并取得重大的成就。托维尔及迪恩的双人花式溜冰传奇于1994年利勒哈默尔赛后完满结束。虽然他们只能取得铜牌，但在场观众有幸一睹这两位金牌好手的风采，已叫他们雀跃万分。

网球教练波里泰利

著名任性的网球手阿加西，也幸运地在年少时遇上他的教练波里泰利。要把阿加西这一任性、冲动的少年转变为网球冠军，并非易事。阿加西最叫人难忘的两项成就是1992年全英网球锦标赛及1994年的美国公开赛。作为职业球员及其教练所遇的压力通常是导致两人拆伙的主要原因，波里泰利及阿加西也没有例外，在阿加西取得温布尔顿冠军后不久，他们便宣布解除合约，但他俩仍然感谢对方，波里泰利成为不少球员渴望合作

的教练，阿加西则成为了一位网球巨星。

高尔夫教练里德比特尔

有些运动员，本已有十分出色的表现及成绩，但他们仍然会邀请一些专家和教练，使他们能更上一层楼。费尔杜从1976年开始参加职业高尔夫球赛，曾赢得多项锦标，排名徘徊在前20名。直至1988年，费尔杜"请求"挥棒"专家"里德比特尔为他彻底改进训练，训练立即见成效。里德比特尔完全改变了费尔杜的挥棒方式。数月后，费尔杜在美国公开赛取得三甲位置，一年后便跃升为世界排名首位。在此之前，从未有人像费尔杜一样能取得如此佳绩，里德比特尔自然也功不可没，他为费尔杜灌输了不少重要的新思想，更增强了费尔杜的信心。

足球教练克洛夫

克洛夫敢言，深藏不露，但无疑他一直是十分著名的足球队领队之一。诺定汉森林队在他带领下的18个年头中，能在竞争激烈的英国甲组联赛中得到丰硕的战果。虽然他一些引人争论的主张，令他失去掌管英格兰国家队的机会，以及他任职森林队的最后一年，其队也难逃被降班的命运，可是他认为踢足球及娱乐观众的观点，令他在球迷心中仍留有一席之地。

田径教练马俊仁

马俊仁之大喜大悲在中国体坛堪称一绝——一个半路出家的中学体育教师，陡然间铸造了世人目瞪口呆的辉煌，却又在瞬间使"铁军"分崩离析。同样令国人瞠目结舌的"兵变"，使"马家军"无可奈何地成了一个历史名词，使1993年斯图加特、北京、圣赛瓦斯蒂安的奇迹，不可挽回地成为难以再继的历史。

诚然，世上没有不散的"筵席"，即便其轰轰烈烈地抗拒下去，凡事均有始终，都有兴衰的自然规律。只是这筵席刚热没多会儿就散了，而且散得难堪、冷落与离奇，不由让人痛心疾首，思绪万千。

创世界纪录的第一人——陈镜开

陈镜开在中国体育史上是第一个创造世界纪录者。他对体育事业做出的突出贡献，理所当然地受到人民的爱戴。他五次获得国家体育运动荣誉奖章，多次受到记功嘉奖，被推荐为第2、3、4、5届全国人大代表和中国举重协会主席。亚洲举重联合会授予他终身荣誉主席和金质奖章。国际举重联合会授予他金质奖章和最高荣誉铜质奖牌。国际奥委会授予他奥林匹克勋章，他是我国唯一获得这项最高殊荣的运动员。

陈镜开，广东省东莞市人，自小就喜爱体育运动，石锁、石担、大土缸都成了训练器材。扭了手腕，砸了脚趾还坚持锻炼。但真正明确锻炼目的和人生价值，还是参加中国人民解放军之后。在解放军这所大学校里，这位身高不足1.50米的战士，却志存高远，树立起创造世界纪录，为新中国争光的坚强信念。1956年，俄罗斯国家队来中国访问，日思夜想创世界纪录的陈镜开，早已兴奋得摩拳擦掌。在参加华沙举行的世界青年联欢节途经莫斯科时，他曾求教于俄罗斯教练，学习先进技术，致使他的运动成绩提高很快，举重成绩提高15公斤，这是举重运动员罕见的。

6月7日，中苏对抗赛在上海体育馆进行，陈镜开代表"八一"队出场，3000名观众听说陈镜开要冲击世界纪录，个个情绪兴奋。举重台上摆着一副133公斤的杠铃，这个重量比美国选手温奇保持的最轻量级挺举纪录多0.5公斤。

第一次试举，陈镜开滑了手，失败了。

第二次试举开始了，只见陈镜开抖擞精神稳健地走到杠铃前站定，然

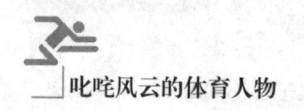

后吸足气、凝神、下蹲、提拉——"成功了！"全场欢呼雀跃，中国人第一次打破了体育世界纪录。

陈镜开在中国体育史上第一个创造世界纪录的消息像一声春雷，在国内外引起强烈反响，但是个别敌视中国的人却别有用心地污蔑：中国人的纪录是假的，是用笔写出来的，而不是用手举出来的。陈镜开万分气愤，他下决心再创世界纪录，用事实粉碎谣言。

1957年，世界青年联欢节在莫斯科举行，这是新中国青年第一次向世界展现风采，也是我国举重队首次参加如此规模的国际比赛。在中国代表团中，年方22岁的陈镜开怀着再创世界纪录、粉碎谣言的愿望参加比赛。

在参加比赛前夕，陈镜开每天都收到来自祖国四面八方的鼓励信，希望陈镜开顽强拼搏，为祖国争得荣誉。

最轻量级举重比赛于8月6日开始，当时，陈镜开肩关节扭伤，腰痛又发作。在抓举、挺举比赛中，他比俄罗斯选手少15公斤。常识告诉我们：在实力相差不大的比赛中，在落后15公斤的情况下，要想一举超前，几乎是没有可能。挺举开始了，第一把他吃力地挺起125公斤；接着第二把要了130公斤，这只是接近世界纪录，但陈镜开也是很吃力才举成功。在场的观众和各国教练员都以为中国人和冠军无缘了。组织比赛的工作人员，把升旗的位置都摆好了——第一俄罗斯，第二中国……

第三次试举，陈镜开竟要了140公斤，当这个数字亮出来时，全场震动，议论纷纷。因为举130公斤，中国人已经够吃力了。现在再加，最大胆的人也只会加至137.5公斤，因为这个重量已经刷新了旧纪录。但陈镜开想：光破纪录还不够，还要拿冠军，两样都要。

陈镜开从后休息室走到前台来了，看台上的中国留学生和外国友人，无不为他捏把汗。这个重量以前不但未举过，就连想也未想过啊，何况他有新伤旧病，搞不好是要出丑的。连对中国队十分友好的俄罗斯教练也认为"陈的这种勇敢精神是过分的",这位教练在后来的报纸上坦白承认:"当时我认为是绝无可能成功的,我站在一边是准备看着这种勇敢精神是如何表现在毫无热情的金属杠铃上……"

陈镜开站在杠铃前,调整呼吸,量杠、握杠……这时全场鸦雀无声,好像空气已停止流动。人们都知道,能否破纪录、夺冠军,全系于一举。祖国的荣辱全系于这一搏了。只见陈镜开突然"嗨"的一声喝,把杠铃挺了起来,他似乎一下子变成一个钢铸的金刚,变成一个力大无穷的天神。杠铃已举到头顶,但倾尽全力的陈镜开,猛然感到双腿抽筋,一阵难忍的剧痛向全身袭来,在这紧要关头,他耳边似乎响起祖国人民的嘱咐……为了祖国,山塌也要扛住,他忍受着剧痛,一点点地把分开的双腿拖在一起,站稳了,裁判白灯闪亮,全场响起暴风雨般掌声、欢呼声,人们把陈镜开团团围住。而陈镜开可能是竭尽全力,突然出现一时性片刻昏迷。

陈镜开成功的一举,震惊全球。外电纷纷传送,包括西方原先不友好的传媒也承认:"这副杠铃是汇集了中国人民力量的两根柱子把它举起来的。"

莫斯科一战,陈镜开的腰伤加剧了。起初以为腰痛是长期过度疲劳所致,并不在意,后来日甚一日,已经影响正常训练了。别人劝他退役,他说:"党和人民培育我这么多年,现在刚刚有点成绩就退役,对不起党和人民。"他暗暗下决心准备坚持下去。

可是无情的伤痛困扰着陈镜开,每当训练时,举一次,腰就痛得麻木,站在原地三四分钟不敢动,额头布满豆大汗珠,就是这样"残酷",陈镜开还坚持下去。领导发现了,在领导关怀下,在医务人员帮助下,陈镜开走了一边治疗一边训练的艰苦道路。这样的道路,他竟走了8年,这8年是他忍受巨大痛苦的8年。然而令人吃惊的是陈镜开在这8年同伤病斗争,不断拼搏,在8年中竟8次打破世界纪录。他在运动队里谈体会时说:

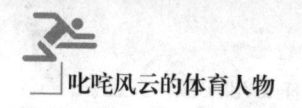

"一个运动员难免有伤病，看他怎么对待。心里怕它，会一蹶不振；心里不怕并认真治疗，还可以干。我采取后一种态度。"陈镜开就是以钢铁般的意志和毅力，顶住伤病干扰，使报效祖国的大志高度升华。

陈镜开为祖国人民立下赫赫战功，他退役后，1973年9月被任命为广东省体育运动委员会副主任，当了"大官"，但他谦逊谨慎，公正廉洁，普通士兵的本色不变。由广州下基层工作或出外参加会议，通常是骑自行车往返，有人因此而叫他为"单车主任"。这位"单车主任"干一行，爱一行，为广东省体委体制改革和体育运动成绩的提高做出了贡献。

栽种世界冠军之花的园丁

在体操馆的比赛场地上，美洲杯新冠军金·泽姆斯卡尔表情严肃地等着叫她上场。她的教练拉·卡罗依在地板上踱来踱去，嘴里小声地嘟囔着。尽管他久经沙场，但每次临赛还像一个即将出嫁的新娘那样紧张。

泽姆斯卡尔举手向裁判席示意，轮到她上场表演跳马了。只见她突然走步，一阵风似的冲向跑道，几个空翻后便从踏板上高高跳起，在半空做了几个旋转动作，最后稳稳地落在场地上。

这个出色表演赢得了9.875分，比前面上场的俄罗斯及罗马尼亚运动员的得分还要高。不过，在分数还未显示出来之前，卡罗依就已经冲到爱徒面前，眼睛盯着那张只及他胸部的鹅蛋形脸庞，用带有浓重的口音说道："注意力要集中，落地尽量要稳。"

泽姆斯卡尔回到了跑道尽头，准备第二次冲刺。这一次小姑娘体内汇聚了新的爆发力，她跳得更高、更快。整套动作极为漂亮，落地时身体笔直得就像是句子末尾的感叹号。

卡罗依又飞快地冲上前去，不过这一回脸上满是喜悦。他如慈父一般拍拍得意门生的小脑瓜，说道："真棒！"

如果你不是个体操迷，你一定不知道许多复杂的体操动作名词，但你有可能认识贝拉·卡罗依。他就是那个在比赛时要向他的"小鬼们"用带有罗马尼亚腔的英语大喊"你能行！"、"上啊，上啊，上！"的体操教练，他称自己那些身体矮小的队员为"小鬼"。小鬼们完成动作后，他会上去拥抱他们，所有的人熟悉他那种"熊式拥抱"。作为一个体操教练，卡罗依在不同意裁判的评分时会直截了当地与他们争辩，他还公开指责那些敢于批评他不近人情的训练方式和好大喜功的性格的同事。假若不是卡罗依取得过巨大的个人成就，即使他在公开或者私下里有一些引人注目的怪诞行为，他的知名度也不会有这么高：在他30年的执教生涯中，他培养出来了众多的世界冠军和奥运会冠军。

一般人认为，卡罗依的名气始于玛丽·露·雷顿于1984年夺得美国历史上第一块奥运会体操金牌。其实，连名噪一时的罗马尼亚体操队员纳迪娅·科马内奇也是他训练出来的。

1963年，贝拉·卡罗依和妻子玛尔塔从布加勒斯特体育学院毕业。他们创建了一个规模不大的体操学校，并打破了当时女孩子只有在身体发育后才能练体操的习惯做法，开始寻找5—9岁的臂小腿长、身体柔软的女孩子。年仅6岁、长着一双黑眼睛的纳迪娅·科马内奇就在这时走进了卡罗依夫妇的世界。

1972年奥运会上，俄罗斯体操女运动员所向披靡，但这时候卡罗依已经做好了一切准备。在同年的"友谊杯"赛中，科马内奇击败了俄罗斯选手。1976蒙特利尔奥运会上，科马内奇震惊了世界，她得了7个满分、3块金牌。卡罗依的另一位女弟子昂右莱亚诺也获得高低杠的银牌和平衡木的

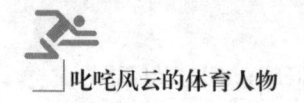

铜牌。罗马尼亚人在平衡木上表演的高难动作是他人难以企及的。体操史上的一个新的技术时代开始了。80年代初，卡罗依夫妇来到美国，组建了一支颇有实力的体操队，队员有玛丽·露·雷顿、黛安娜·德拉姆和朱莉安·麦克纳马拉。在1984年洛杉矶奥运会上，罗马尼亚体操队来势凶猛，队伍中有5位选手是卡罗依训练过的。然而，雷顿在全能比赛中战胜了罗马尼亚选手，麦克纳马拉则赢得高低杠冠军。

从那以后，卡罗依的队员们每年都拿冠军。1988年美国奥林匹克体操队的6名成员中有5位卡罗依的徒弟，至于美国各个高级和初级体操队里，卡罗依的队员更是数不胜数。两人这种明星效应使得许多天赋极好的女孩子投到卡罗依的门下。

在休斯敦的一家体操训练馆里，卡罗依和妻子监督着6位助理教练，再由他们训练600多名体操选手。不过他的精力更多地还是放在由40多人组成的"尖子队"上，他的眼光盯住了1992年的巴塞罗那奥运会。

贝拉·卡罗依1942年生于罗马尼亚一个民用工业工程师的家庭，他的童年是特兰西瓦尼亚地区的首府克卢日度过的。卡罗依在1994年出版的自传《没有恐惧》中说自己的青少年时代一直都生活在姐姐玛丽亚的阴影下，因为她在学校里学习刻苦成绩出众，而小贝拉却对学习一点也提不起兴趣，使父亲十分恼火。他更喜欢体育运动，而且他在这方面也有特殊的天赋，他十几岁就对运动感兴趣，获得了全国青少年链球比赛冠军。最终贝拉与父亲的关系彻底陷入了僵局，因为他父亲宣布为了让他通过一所大学工程学系的入学考试，给他请了家庭教师。当时已17岁的贝拉说他打算去参加一个田径运动会，而他父亲的反应则是把他赶出了家门。

走入社会以后，卡罗依先在一家屠宰场找到了一份工作，得以糊口。同时他仍然找时间参加体育比赛，起先他接受的是重量级拳击训练，甚至还上场比赛过。那时候，他对竞技体育的兴趣不仅仅是为了好玩，他已决心要以它为职业，为此他得有一张体育文凭。为了实现自己的目标，卡罗依向布加勒斯特体育学院提出了入学申请并如愿以偿。

卡罗依是从大学一年级开始热衷于体操的。据说是一次体操课考试不及格才激发了他对体操的兴趣。他下决心要学会这项运动，结果他说到做到，最后还进了校体操队。卡罗依逐渐尝到了体操的甜头，他说那时候体操是那么强烈地吸引着他：

"那是一种让你脚踏实地的运动项目，你必须放弃那些以自我为中心的私念，你唯一拥有的只是自己的身体，想让它完美无缺，你就要不停地练，那简直就是一种折磨。"

卡罗依就是在体操训练中认识了同是体操运动员的玛尔塔·埃罗斯，两人于1963年结为伉俪。就在这一年，他们俩在罗马亚一个名叫乌尔坎的小镇办了一所体操学校。他们想吸收一些在运动方面有天赋的小女孩，通过高强度的训练，将她们培养成世界级的体操健将。他们早期的一个学生科马内奇在这项运动中取得了非凡的成就。在1976年的奥运会上，科马内奇获得了体操这个项目中有史以来第一个满分，并获得了个人全能金牌。这在体操史上是空前的。

罗马尼亚政府肯定了卡罗依作为1976年罗马尼亚体操代表团的教练在科马内奇和她的队友们的辉煌战绩中所起的关键作用，并授予他罗马尼亚劳动联盟奖章。然而，官员们也开始给这位名扬天下的教练制造麻烦。特别是当科马内奇在1980年莫斯科奥运会上一无所获之后，政府停止了给卡罗依的资金援助。"一夜之间，他们就把我所做的一切忘了个一干二净，我成了一个有争议的人物。"

卡罗依同罗马尼亚政府的关系闹得越来越僵，他开始担心自己的生命安全。1981年3月，罗马尼亚体操队在美国的巡回表演将尾声之际，卡罗依夫妇决定出走。拎着两个皮箱，怀揣360美元，他们走出下榻的罗哈顿

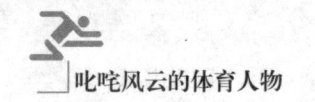

旅馆，甩掉了一直监视他们的罗马尼亚秘密警察，混入茫茫人海之中。

随后的几个月里，卡罗依夫妇努力在美国开创他们的新生活。在马尔塔的一个亲戚家里待了几天后，他们申请到了政治避难，搬到了洛杉矶，此前他们听说加州有工作的机会。一个朋友为他们提供了免费的食宿。但由于没有找到工作，无奈之下他们只有离开。无所事事的他们住到了一家旅馆里，他们勉强还能付得起这里一夜7美元的住宿费。因为语言不通，卡罗依没有在体操馆找到工作，没有机会操起自己的老本行，只好靠当码头工人和门房糊口。他回忆往昔的困境时说："起初我很愤怒，我想谁要干这种事？还不如罗马尼亚呢！但最终，我只有忍辱负重，就像一只动物。当人想活下来的时候，就顾不上其他了。"后来，他通过看风靡一时的儿童节目"芝麻街"学会了英语。

卡罗依得到了不少同事和熟人的帮助，最先向他伸出援助之手的是俄克拉何马大学的体操教练保罗·基尔特。获悉他的困境之后，基尔特安排卡罗依到学院里和自己的教练班子里工作。后来在1981年下半年，他被引荐给了几个生意人，他们想让他成为休斯敦体操中心的合伙人之一。1982年初，卡罗依全家，包括刚刚来到加州的女儿安德烈娅，搬到了德克萨斯，结果却发现这个所谓的体操中心设备简陋，几乎不可能成为一流的体操中心。尽管如此，卡罗依还是决定冒一次险。经历了一系列的挫折、徘徊之后，到1982年8月，卡罗依夫妇终于凭借自己的辛勤劳动和出色的谈判技巧买下了这个俱乐部。仅仅一年半之后，一个世界级的体操教练开了一个体操中心的消息不胫而走，卡罗依的学生也由最初可怜的8个人增加到了500多人。

卡罗依不仅要忙着为体操中心四处搜罗资金和学生，还得对付美国同行的白眼。他们大多数人怀疑卡罗依在罗马尼亚大获成功的高强度训练方法是否在美国运动员身上行得通，因为美国运动员可吃不了这种苦。尽管这些美国体操界的人不停地向新闻界表示他们对卡罗依的怀疑，但卡罗依坚信只要给他机会，竭尽全力，就一定能成功。

同行们的怀疑反倒成了卡罗依的动力，他下定决心要努力证明他们是错误的，要证明他自己的训练方法可以将美国的体操运动员培养成世界冠军。"当我告诉人们我准备采用我在罗马尼亚时的训练方法，他们对我说：'你是个可怕的疯子！'有人劝我：'美国的女孩不像欧洲的女孩，她们给宠坏了，是不会刻苦训练的。'这简直是胡说八道。我从她们的眼中同样看到了那种渴望胜利的目光。她们也想当冠军。我告诉她们：'来吧，小鬼，让我来帮你实现你的梦想吧！'于是她们就毫不犹豫地跟我练起来。"

卡罗依自己也从不隐讳一旦学生稍有懈怠，自己就会大声呵斥，而且从不向他们表示任何歉意。有时候，他的一些学生真的会泪水涟涟的。卡罗依也从不否认他的训练中心的气氛紧张而压抑，他的训练场上不允许有音乐和谈笑。这无论在情感上或身体上都让人透不过气来。实际上，卡罗依似乎对他集中营式的管理方法颇为自豪。"我们不是来这里找乐的。只有获胜，得了冠军之后才有真正的乐趣。人必须上进，必须迎接挑战。放松，对你来说是最糟的事。"

在这点上，卡罗依的弟子们都心悦诚服。科马内奇在1981年出版的自传中谈到自己与教练的关系："贝拉要求我们绝对服从他至高无上的权威。多亏了他，他教会了我一个永恒的品质，那就是自律。"黛安娜·德拉姆同样也对卡罗依的严格要求充满感激之情："在训练中，他总是说'上啊！'或类似的话。如果他看见谁的动作没有做好，他会喊'挺住'。他总是使你更加刻苦地训练。"运动员的父母们也高度评价了卡罗依的敬业精神。一位母亲说："卡罗依知道如何让这些女孩子们成功。作为一个母亲，我有时真想冲过去杀了他。我真不忍心听到我的孩子尖叫，看到她痛哭。看见一个人那样对待我的孩子，我的心里不知道有多么难受，但必须这样

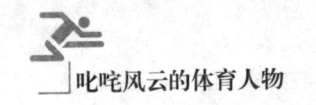

做。卡罗依要的不是合格，他要的是10分。如果换了你，你也会这么做的。"

尽管卡罗依已经执教20多年了，他仍然有许多事要做。他期望泽姆斯卡尔或其他人在1992年奥运会上达到巅峰状态。然而，体操是一项机会转瞬即逝的事业。1986、1987年全美冠军菲利普斯就在1988年汉城奥运会上失去了夺冠的机会，曾为她赢得巨大荣誉的身体开始发育，身高和体重剧增。不过这位卡罗依爱徒一点也不痛苦，她平静地说："我的黄金时代已经过去了。"

几十年的风风雨雨，卡罗依的故事仍在继续着：训练、指导、拥抱以及寻找。对于卡罗依来说，发现一个有前途的运动员就如同得到一件无价之宝。回顾往日，展望未来，卡罗依吐露心音："是这些孩子使我坚持了下来。现在，我只是想再培养几个奥运会冠军，然后退休。但我知道并非胜券在握，年轻的一代正在成长，这给了我新的刺激。"

走运动生涯路的总统们

近代许多国家总统都想要保持自己体型的潇洒健美，鉴于他们经常上镜头拍照。保持身段苗条注意饮食，养成良好的身体锻炼习惯是他们健身养生的信条，但总统们各自仍有其独特健身之道。从这一侧面反映了大众健身运动的发展情况。

美国里根总统爱骑马和打棒球

里根小时候天资聪敏，活泼可爱，因为长得胖乎乎，有点像荷兰孩子，父亲戏称他为"荷兰小胖子"。后来"荷兰"就成了里根的小名。里根9岁时，全家迁往人口稍多的乔克逊，他就在那里上学，学习成绩平平，对体育和演戏却很积极。为了赚钱贴补家用，课余时间里根在当地公园当水上救生员，长达7年。中学毕业后，里根积攒了400美元，又申请到五笔助学金，便进了只有220名学生的尤利卡学院，主修经济和社会学。

1932年里根从尤利卡学院毕业时，美国的经济大萧条还没有过去。里根一无靠山，二不是名牌大学毕业，自然找不到工作，过了一年才在艾奥瓦州达文波特的广播电台找到一份体育广播员的工作。后来该台与得梅因市的电台合并，里根又转到得梅因，那算是中西部的大地方了。里根由于口齿清楚，嗓音动听，讲解得体，不久就在中西部小有名气，人们都知道"荷兰·里根"。

1937年，26岁的里根随"小熊"棒球队到加州洛杉矶训练。他身材修长，风度翩翩，经朋友介绍，被好莱坞的华纳兄弟公司聘为演员。里根在好莱坞共拍了50多部影片，其中最成名的是《金石盟》。他在该片中演技逼真，把一对青年男女的忠贞爱情表现得十分感人，从此名声大振。但总的来说，里根在好莱坞始终只是二流明星。

里根当了总统后，很注重体育锻炼，有一套自己独特养生之道，人们称他工作作风为"董事长式作风"。他做出决断后，具体事务交给下属去办。他热爱骑马、打棒球、打高尔夫球。他回到加州圣巴巴拉附近山间牧场，浑身轻松愉快，他在户外砍柴，清理牧场树木，一待就是几小时，里根在戴维营度假经常骑马。里根与夫人南希经常在山间树林散步，他很早就不酗酒不吸烟。

阿根廷总统梅内姆热爱足球运动

当今世界的总统，无论其经历与年龄如何，多以谨言慎行，举止有度的传统风度铸就自己的政治家形象。然而，1989年5月当选的阿根廷总统卡洛斯·梅内姆，却以自己的风格改变了人们对总统这一角色的传统看

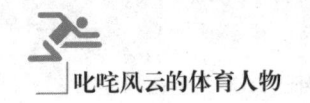

法。

　　这位叙利亚人的后裔热情奔放，体魄健壮，冷天穿一件皮夹克，热天穿一件T恤衫，经常一身运动员打扮。他敢在花甲之年与足球明星马拉多纳一起踢完90分钟的全场比赛，被人冠以"球星总统"的美称。他不拿架子，不拘小节，在人群中随随便便地走来走去，在公共场合与模特、演员翩然起舞。有人责怪他说话前后不连贯，还有人抱怨他缺乏绅士风度。当记者问他是否要改变作风时，他说："我就是这个样子当选总统的，为什么要改？"

　　梅内姆在阿根廷政坛并无深厚资历，为什么能在短期内被人民拥上总统宝座？

　　前些年，阿根廷经济在通货膨胀的重压下苦苦挣扎，财政赤字增加、外汇储备枯竭，生产萎缩，人民实际购买力下降。阿根廷的外债总额已达640亿美元，从1988年4月起就无力按时支付利息。群众渴望一位富于个人魅力、能够叱咤风云的人物脱颖而出，大刀阔斧地改变现状。梅内姆总统可谓应运而生。卡洛斯·梅内姆1930年出生于阿根廷西北部既穷又小的省份拉里奥哈，其双亲是20世纪初随着阿拉伯人向阿根廷移民浪潮而来的叙利亚人，父亲从商，靠经营酒业谋生。1953年，梅内姆在科尔多瓦大学攻读法律时与当时任总统的胡安·庇隆相识，并加入庇隆的正义党。1955年，他获得律师资格，经常担任政治犯的辩护律师。在这期间，他经常从事运动锻炼，为具备良好身体素质打下基础。

　　梅内姆毕业后曾当过一段时期的民用飞行员，不久又转向自己向往的政界。1958年，他被提名为省参议员，由于不符合宪法规定的当选年龄，他的竞选资格被取消。1963年他又被提名为全国众议员候选人，而当时流亡国外的庇隆将军指示正义党员在那次选举中投白票，梅内姆的希望又一次落空。

梅内姆荣登总统宝座后，的确大刀阔斧，勇于作为。他的第一个惊人之举便是与英国迅速复交。

法国总统密特朗热爱郊游和下棋

1916年10月26日，弗朗索瓦·密特朗出生于法国夏朗德省的雅尔纳克，在兄妹8人中，排行第五。这年，其父约瑟夫·密特朗荣任昂克莱姆火车站站长，后来他曾从事实业，成为法国醋生产者工会联合会主席。母亲伊尔娜·洛兰，娘家十分富有。密特朗的童年就在雅尔纳克老家和离该城数十公里之遥的外祖父家里度过。他读书、散步，有时和外祖父下棋，这种生活培养了密特朗深思熟虑和沉默寡言的习性。历史和地理是年幼的密特朗最喜好的学科。10岁时，他进入圣保罗中学，学习成绩十分出众，并极具口才，曾在波尔多参加讲演比赛，取得好成绩，是个全面发展的好学生。中学毕业后，密特朗来到巴黎，学习法学和政治学。在校期间，他是个很守规矩的学生，并曾得到知名作家弗朗索瓦·莫里亚克的器重和帮助。当时，他对文学的兴趣远胜于对政治的兴趣，20岁成为文学会非正式成员。1939年，他刚获法学博士学位时，密特朗参加了戴高乐领导的抵抗运动临时政府，担任"战俘协会"秘书长，同年，他又组织了"抵抗运动民主和社会主义联盟"。

由于他战时的爱国活动，此后荣膺十字勋章。1947年，年仅31岁的密特朗担任退役军人部部长，成为法国自第一帝国以来最年轻的部长。在1947—1957年的10年间，他历任国防部长、新闻国务秘书、海外领地部长、内政部长和司法部长等职。

他步入政坛后，仍然保持普通法国人生活，生活中的密特朗不像正式场合那样老成持重，他生活简朴，十分注意控制饮食。他博览群书，勤于写作，著述甚丰，政治论著有《面临挑战的中国》等十余部，他还写有《蜜蜂与建筑师》等多部小说，他将脑力劳动和体力活动结合起来，这是

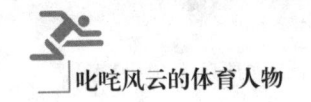

他的养生之道。他爱好广泛，热爱文艺、音乐。他更是一个"足球迷"，重大的足球赛他都经常出席助威。1984年举行欧洲足球锦标赛，法国与西班牙队争冠军时，法国总统密特朗始终观看，每当法国队有精彩表现时，密特朗总是激动得高呼："法兰西万岁！"当法兰西夺冠时密特朗不但亲自给该队授奖，而且宣布奖给每位队员奖金6万美元。巴黎足球世界杯赛法国获冠军后，召开隆重授奖大会，他亲自为运动员授奖。他特别喜欢郊外旅游，有时同家人一起远游。法国平民都称赞密特朗是位"谙熟韬略、能言善辩、爱好广泛、很会生活的政治家"。

美国总统布什热爱网球、打猎

推崇体育运动是美国人传统，历届美国总统中体育迷大有人在，但他们中任何人都比不上布什更热爱体育。

布什总统自幼接受严格的正规教育，养成许多良好品格，他学习勤奋，特别喜爱从事运动。在青年时期，由于经常从事锻炼，使布什身体发育均称挺拔、健美。在一次圣诞舞会上结识了芭芭拉，两人一见钟情。芭芭拉曾回忆说乔治·布什是她所见的最英俊的小伙子。

1953年12月布什夫妇的第二个孩子，不满4岁的罗宾因白血病夭折，失去爱女的创伤几乎压垮了他们。他们靠着良好的身体素质和心理素质，顶过了这场灾难。布什在担任美国驻北京联络处主任期间，布什夫妇经常早起步行周游北京，并热衷于学习太极拳。布什在任总统期间，并未大兴土木，只是在白宫内增加一些花草树木，布什对岁月流逝、对于人到老年的变化始终处之泰然。他是个十足的钓鱼迷，在海军服役期间训练过摔跤，他还踢足球，打网球，打棒球，打高尔夫球，已无一不能。对于他所从事过的体育运动，他不但掌握相当高的技巧，而且总是充满极大热情。

勇于开拓的教头——徐益民

1974年，德黑兰第7届亚运会，10年来首次在正式比赛中亮相的中国跳水队，一举囊括了男女跳台和跳板跳水的全部4块金牌。这一石惊破水中天，令自诩为亚洲跳水首强的日本和韩国瞠目结舌。

其中有一位清瘦少年，风头极健，他在10米高台之上宛如一只矫健雄鹰，凌空直下，在空中划出一道令人眼花而优美的弧线，利剑般插入水中，少许浪花，倾倒了满场观众。

这位少年登上了冠军台。当他胸挂金牌，向观众致意时，人们才听到一个陌生的名字——李孔政；一些耳朵尖的人才知道，他只有15岁，是亚运会最小的冠军。

一个李孔政，引来一串迷：年纪轻轻，哪来如此身手？他的教练是谁？在哪？中国跳水队怎么一夜之间长成了巨人？

一位知情跳水界人士说：1973年到1974年，中国跳水界发生了一场革命，推动革命的主力是徐益民。

徐益民少年时在广东湛江业余体校学游泳，可他暗自爱上了跳水。一次，他悄悄爬上10米跳台，被人发现让他下来，他硬是站在10米高台边缘不下来。他从小就是这么个人：要做的事，一定要做。后来他当上跳水教练，有不少人对中国跳水持悲观情绪，有人说："凭我们现在状况，这两代人别想赶上人家了。"而徐益民却认为强者愤怒，抽刀向更强者，美国人能做到的，我的队员也一定能做到。然而他知道，要想飞跃，就必须另辟蹊径。过去运动员一直是在弹网上练翻腾动作，而完整的动作，则只能

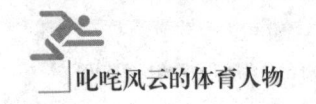

靠在水上闭着眼来蒙，这条路行不通。

　　荆林丛棘，路是没有的，何处去找！只有筚路蓝缕，以启山林，用自己身子闯出去，开拓出一条新路来！

　　一个偶然机会，他听说福建队有一位教练，在弹网训练时拉保护带，帮助运动员快速翻转。他还知道八一队有位队员在空中睁眼睛看目标。两个信息撞在一起，不光发出声响而且冒出火光，使他豁然开朗，产生了一种灵感：要让运动员模仿出整个动作，而且要睁眼看目标。

　　还是那句老话：万事开头难。刚开始的时候，无论怎么拉保护带，整套动作总是完不成。有一次，徐益民拉着保护带试着横向跨出两步，奇迹出现了，运动员在弹网上漂亮地做出一个完整205。还有一个难关是睁眼睛，也是经过反复试验获得成功。这样，李孔政每天可以在弹网上练几百个完整动作，一天等于3个月，这又是一个奇迹。从此，中国跳水史上闭眼瞎蒙的时代结束了。徐益民的先进训练方法，经过长沙现场会很快在全国传播开来。这时徐益民胸中跳着一颗勃勃雄心，亚洲冠军算什么，我要的是世界冠军。他用先进的方法和似乎不近情理的严格，把李孔政送到世界难度表前列。中国跳水队从此走向世界，甚至可以毫不夸张的说：那是一个中国人带动世界的时代。23届奥运会，周继红拿了金牌，一位美国教练说：跳水运动的未来光辉是属于中国的。徐益民现今两鬓渐白，但壮心不已，他完成了十几个设计，又要大干一场了！

　　徐益民在训练中是冷面铁汉，然而日常生活中，在队员眼里，他更像一位慈祥父亲，有着丰富的感情世界。他兴趣广泛，他喜欢射击、唱歌、旅游。大家都称他为徐总。他善于用多样手段对运动员进行心理和思想品格训练。他的训练循循善诱，很受运动员欢迎，也同时受到同行们的高度赞赏。

摩西的不败之旅

47秒13,对那些400米栏赛跑运动员来说,似乎是很难逾越的"禁区",这项优异成绩创造者,美国著名选手埃德温·摩西写下了这个纪录,迄今仍无人接近。同样使人瞩目的是,他参赛73次,次次头名,所向无敌,这在体育史上也是个纪录。

1976年,蒙特利尔举行21届奥运会,一位身材高大、体格匀称,肤色黝黑的运动员,以47秒64的成绩冲到终点,观众以敬畏的目光看着这位年轻的运动员。他全程栏间准确的13步跑完。他那罕见的速度素质和冲刺能力,给行家留下了深刻印象。摩西是美国俄亥俄州人,生于1955年,身高1.86,体重73公斤。从事400米栏不到一年,就显示出他跨栏方面的天才,自从21届奥运会以来,400米栏这个项目一直独占鳌头。1980年,也就是在他创造世界纪录的同一年,美国《田径新闻》评选70年代世界最佳田径运动员,他名列第二,随后连续6年被评为民办最佳田径运动员,而且始终处于前4名地位。在1980年,他患了肺炎,医生警告他,在没有痊愈情况下,如果运动量过大,会使他肺部受到严重损害。摩西接受了医生忠告,完全停止了竞赛。在这一年里,他似乎被人们遗忘。在这期间,他同一位西德艺术家米列拉·博尔特结婚。有人以为摩西退出比赛是怕输,怕失去连续不败的纪录。摩西回答说:我并非为了保护常胜名声,而是为了保护自己的身体。直到1981年11月,经医生检查后才允许他恢复比赛。1982年5月14—15日,在美国举行加州洛杉矶分校与百事可乐公司合办的田径邀请赛上,美国高手云集,摩西也参加了这场邀请赛,这是他第73次

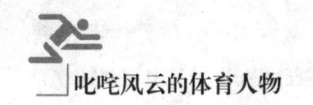

参赛。摩西实力虽强，但略显紧张。他的跑位两边都是涌现出的年轻好手，他们都想改变摩西6年来称霸地位。近万名观众都屏柱呼吸，看着这意义非常的争斗。田径场地当时有风，摩西在前200米逆风跑有些吃力。后200米开始占先，转入弯道加速，充沛的耐力显然起作用，他冲刺轻松，落下第二名4米之远，他以49.02秒取得东山再起的胜利。

摩西为什么多年来一直保持世界冠军称号？答案是他对跨栏技术无可非议的精通，在运动事业上具有极强进取心和训练的高度自觉性。有人问他：为什么想成为优秀跨栏运动员？他回答说："我从事跨栏运动，对我来说是一种惬意的生活方式，是我喜爱的嗜好。我觉得跨栏好像在向我挑战，跑道在给我指引着目标——指向我要达到的理想目标。我生活的每一步，就像我跨过的每个栏架。我只能在跨越各种障碍中生活，前进！"

对一般人来说，人的一生还算不短，80岁人仍可去从事自己的工作，而运动员的运动生涯太短了。所以摩西说：当我的运动生命存在时，应该尽我所能去珍惜它，要趁年轻时好好干，总会干出一些事情的。他知道，天赋加勤奋能造就一个伟大的运动员。

摩西的训练，全靠自己训练，自订训练计划，自己执行，没有教练看着，他总习惯于自己找块地方埋头苦练。历史上从来没有人像他那样精通400米栏。为了提高400米栏水平，他还研究创造一种栏间新节奏：前半程11步，后半程12步，准备用这种新方法创造新的世界纪录。

近40岁的摩西迷上了雪橇运动，并成为世界少数两三人雪橇制动手中最出色的一个。他在卡拉加比赛中获第5名的好成绩。

格言以明志的科马内奇

1976年7月，在加拿大蒙特利尔举行的第21届奥运会上，罗马尼亚14岁的科马内奇大放异彩，她以精湛的、无可挑剔的优美的高难动作，获得世界体操史上第一个满分10分，并先后7次获得了满分，创造了国际体操运动史上令人难以置信的奇迹。她一人获得全能、高低杠、平衡木3枚金牌。一时轰动世界体坛。

1980年在莫斯科奥运会上，科马内奇又获两枚金牌和两枚银牌，成为当之无愧的"世界体操女皇"。她还首创高低杠下法——蹬杠弧形转体180°接后空翻下，已被国际体操联合会命名为"科马内奇下"。

1984年，科马内奇受到"国际奥委会特别邀请，以贵宾身份出席第23届洛杉矶奥运会，由于她对体操事业的卓越贡献，被授予无尚荣耀的奥林匹克银质奖章。

科马内奇成功的秘密到底是什么？国际体坛众说不一。有的说她体型好、素质好；有的说她既勇敢又聪明，还有她具备了体操所需要的一切，她是从天上掉下来的人……最后还是科马内奇本人以她的格言揭开了她的成功秘密：

第一条：记住，刻苦训练是取得成功之本。

科马内奇从6岁开始练体操。德治市体操俱乐部的贝拉夫妇是她的启蒙老师。7岁的科马内奇成了体育学校一年级学生，每天除学习外，安排三四个小时进行体操训练，假期时训练时间更长一些。在她8岁时就参加全国少年体操比赛，成绩很不理想，她差一点哭出来。为了帮助她从失败中振奋起来，贝拉夫妇买一个爱斯基摩大娃娃送给她。这个适合孩子特点的做法果然收到效果。在最困难的时候"娃娃"陪伴了她。

科马内奇在体育学校各门学科成绩很好，除了酷爱体操外，她还爱踢足球，酷爱音乐，十分欣赏著名古典名曲。

科马内奇放弃一般女孩子所喜爱的一切，而集中精力投入那紧张而又厌烦的训练之中，长达7年之久，她所受的皮肉之苦以及学不会动作的烦恼，不是一般人能想象的。

看过科马内奇表演的内行人一眼就能看出她善于安排体力，动作十分娴熟，好像不费力量就完成一套很难的动作。而且几套动作完全一样高质量，仿佛由一个模子倒出来的。这样纯熟的技巧不是从天上掉下来的，而是通过平时千百次重复磨炼、精雕细刻的结果。这一切都来自刻苦训练。

俗话说得好：天才在于勤奋。科马内奇的成功完全是勤奋的结果。

第二条：在做一件事之前要满怀信心。

科马内奇也曾产生过失去信心的念头。在她首次参加罗马尼亚少年体操比赛时，她获第13名，丧失了获得冠军的信心，并认为这算彻底失败了。这时，她的教练贝拉教育她要学会输得有风度。谁知这一次竟成了她以后成为世界冠军的一个转折点。她很早就懂得满怀信心的重要。

有信心才能勇敢无畏，才能在别人害怕的地方变得更大胆。

在科马内奇做高杠正撑后摆分腿前空翻抓杠之前，国际体操界还没有出现过这样惊险动作，当时男子单杠也没人做过，可科马内奇轻松完成了。她说："不要自己给自己制造紧张空气，我心里只想按正常动作那样做就行了。"她对学会这一高难动作充满自信心。

对女子体操来说平衡木比赛才令人害怕呢！尤其在决赛时，哪怕一个小晃就会把冠军丢了。可是科马内奇上了平衡木，她把自己注意力集中在所做的每一个动作上，在她眼里竟能做到"目中无人"，她眼不眨，腿不颤，漂漂亮亮地完成一套动作。裁判员不为她担心，而是好像在欣赏平衡木上的芭蕾舞表演。科马内奇的自信和高度自控能力征服了裁判员，也征服了广大观众。

第三条：永不满足。

体操运动是个不断创新的艺术，创新的是体操的生命。在科马内奇之前，曾获得世界女子冠军（全能）图里谢娃和另一名单项冠军科尔布特，早已闻名于世，给裁判员也留有深刻印象。科马内奇不想当第二个图里谢娃和科尔布特，因为即使做的完全和她们相同，也超过不了她们。科马内奇和她的教练，大胆设计了若干年后别人也不敢想的动作，并在表演技巧上使对方也望洋兴叹。科马内奇立的目标是：我随随便便做到的，她俩却望尘莫及。她俩已经得到9.9分，那么我当然就必打10分！"要想超越她们，自己就得永不满足。

有的人在获得世界冠军之后就满足了，不愿冒风险。可科马内奇却不然，她的成就愈大，愈不满足，愈加勇于探索。1978年，上海国际体操邀请赛时，她在平衡木上做了侧空翻站木立即接后空翻，空翻接空翻，出人意料，干净利落，令人叫绝，同时她又把编排加难了。其实在平衡木上得过10分的科马内奇又何必再给自己添麻烦呢？科马内奇却认为："10分虽然是满分，可是体操运动技术发展是永远没有满分的时候。"科马内奇这种永不满足的精神，正是她具有超人技艺的原因之一。

体操王子李宁

初冬，莫斯科的夜晚，寒意袭人。体育馆体操比赛大厅中央的绿色地毯，宛如一片绿茸茸的草地。一个肌肉线条分明、体形匀称的英俊小伙

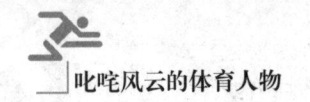

子，格外引人注目。只见他从地毯上一跃而起，一个精妙的"旋空翻""屈体空翻两周""托马斯转体倒立转体720°"，刚劲如雄鹰展翅，轻盈如蜻蜓点水，飞腾恰似惊鸿起沙洲，倒立好比奇峰迎面立，将体操艺术的难、新、美结合起来，犹如一首优美的抒情诗。

小伙子叫李宁，正在进行赛前适应性训练，他感到十分惬意，各种器械得心应手，技术发挥也尽如人意。站在旁边观看的俄罗斯教练，走到李宁的教练张健跟前，伸出大拇指称赞道："李宁自由体操空翻高度无与伦比，他的技术和精神状态令人生畏。"这种称赞，确实是同行由衷之言。如今李宁已不是"小荷才露尖尖角"。1973年，18岁的李宁，首次参加全国体操比赛，获自由体操、单杠、鞍马、双杠5项冠军，成为中国体坛异军突起的著名新星。1981年7月他首次参加国际性大型比赛，世称"小奥运会"第11届大学生运动会上，他跻身全能第五，获自由体操、鞍马、吊环三项金牌。同年8月，他在美国檀香山，又独执全能、吊环和跳马桂冠，震动了世界体坛，他以高、新、难的技艺和独特风格著称于世，成为各国刮目相看的重点研究对象。

此刻，张教练露出满意的微笑。现在李宁练跳马，这是他的强项，可是他还有顾虑，他的脚踝在1979年出现过舟状骨骨折，以后一直未痊愈，形成陈旧性骨折。为了慎重起见，他要求教练在跳马前再加一张垫子。他一个深呼吸，起跑，腾空一跃，不失时机地屈体空翻270°转体落地时，偏偏受过伤的右腿踩在垫子边上，一声轻微的"咔嚓"，踝关节再次扭伤，他无力地瘫在垫子上……一辆伏尔加牌汽车沿着笔直的列宁大道疾驶，轿车载走了李宁，却载不走队员们铅一般沉重的焦虑。这次世界锦标赛，各国都派出最强的阵容拼搏，中国出国前曾计划挫败德国，力战苏日，夺取团体第三名，如今这一宏愿会不会因李宁受伤而成为泡影？

莫斯科的冬天，下午三四点钟就进入黑天，早八点才放亮，路上没有一个行人。受过伤的李宁开始了锻炼，他摸到一盏橙黄色路灯下，俯身看一下自己的伤脚，糟，一夜间没活动，脚僵硬、麻木，每走一步，右脚像铁球一样沉甸甸。不管怎样，走吧，也许走到尽头就会出现希望。雪，好大的雪啊！人行道上，一尺多深，宛如一张细密羊毛地毯，一直铺到遥远的地方，他的思绪也飞到遥远的故乡，回到他那如梦的童年时代……瞧，一个小男孩，在床上蹦呀，翻跟斗呀，竖蜻蜓呀，不料一下撞到床边，嘴碰出血了，他赶忙用手捂住嘴，床单染上一滩血，把它藏起来。当妈妈回来时，他呼地蹿上一张长凳，一个劈叉亮相，说："妈妈快看，我能劈一字啦！"妈妈笑了，这微笑，多甜蜜，那时他还未满7岁。

如今呢？脚负重伤，比赛就要开始，如果不上，男队就要丢分，任务很难完成；如果上，万一弄不好脚断了，这将意味着运动生命永远终结。他想到许多，妈妈的微笑，战友们焦急的面庞又浮现在面前。人们常说"体操是勇敢者的艺术"。伤痛是不可避免的，就看你敢不敢搏了！世界上没有不经过危险而成功的事，越受挫折，越要坚定志气。他终于在艰苦的思索中，做出最后抉择："我必须拼搏。"

李宁的床上没人，被子零乱地堆着。张教练立即转身向外跑去，熹微的晨光里，他看到操场上有一个敦实的身影在奋力向前跑着，嘴里呼呼吐着白气，活脱脱像一架发动机。

"李宁，昨晚团部研究决定了，你不上了。"

张健自己也说不清楚，为什么这样迫不及待告诉李宁，是要他不练了，还是希望他抗争一下呢？

"张教练，我不是跑得挺好吗？安广林大夫真是神医，你看现在我还能跳呢！"李宁爬上一张凳子，跳了下去。

"这样跳感到疼吗？"

"不疼。"

叱咤风云的体育人物

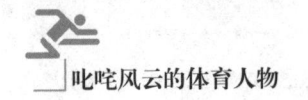

"你能上场?"张健显出从未有过的急切。

"能。"他斩钉截铁地说。

璀璨的朝霞从天边飞到张健脸上,他转身跑向团部。一个紧急会议又在中国体操代表团召开。简短的会刚结束,李宁推开门进来了,当他知道已重新决定让他上场时,他没有笑,也没有跳,那双睿智的眼睛湿润了。

比赛紧张地进行着。李宁在绿色的橡皮垫上向前飞跑,噔噔的脚步声像擂响的战鼓,他腾身一跃,双手撑在马背上,屈体空翻两周,站在海绵垫上,虽说右脚不自主地跨出一小步,但整个动作,干净、舒展、优美,掌声从四座飞泻而下,李宁虽装出笑容向观众举手致谢,他只觉得像一根钢针从脚跟刺到心脏,他笑也笑不出来。张健赶紧迎上去,用毛巾擦掉他头上豆粒大汗珠。当过运动员的张教练深深知道,单杠、双杠、吊环等哪一项动作结束时,都要从高器械上,带着高速旋转,带着加倍冲力落到地板上,健康人尚不能站稳,何况一只受伤的脚!真是奇迹,了不起的小伙子,他终于顶下来了112项次比赛,一项没失误,拿的都是有效分。中国队取得了团体第三名,登上世界大赛领奖台。站在领奖台上,受伤后没掉过一滴泪的小伙子哭了,中国队才比德国队总分多0.15分,多么惊险的胜利!李宁忍着巨大伤痛所进行的艰苦卓绝的拼搏和他所取得的赫赫战绩,震动了整个比赛大会,在各国代表团中引起巨大反响。许多人认为,李宁本身就是中国医生用高明医术和运动员顽强意志创造出的奇迹。在大会告别宴会上,国际体操裁判委员会副主席金子先生,斟满酒杯在人群中找到了李宁之后,充满钦佩之情说:"你的自由体操世界第一,你的意志也是世界第一。"

体操运动是体育又是艺术,创新是艺术的生命也是体操的生命。生活的意义在于创造,而创造是独立自主而且无穷无尽的。一套体操动作,犹如一支乐曲、一首诗,没有新意,就没有价值。李宁觉得自己在21届体操锦标赛上没有取得优异成绩，不仅因为伤，还因为缺少具有独创性的难新动作。教练为他设计一个双杠上做大回环并转体180°的新动作，要在不太高的双杠上像车轮式旋转，身体还要转动真难啊！一次攻不下来，再一次，又一次……右手磨得裂个大口子，这可不像在单杠上碰破了脚后跟，那脚是做动作不吃劲地方，可这手在双杠上没有一个动作不磨它。但李宁仍眉头不皱，涂上药膏再练。不经过巨大困难，不会有伟大事业。不愁明月尽，自有夜珠来。经过他无数次挫折失败，终于完成了双杠这个创新动作，而且还独创了吊环上"李宁正吊"这个动作。后来国际体操联合会，均因李宁首创这个动作而用中国人李宁的名字命名。

举世瞩目的第23届奥运会在美国洛杉矶举行。体操是开幕式后第一个比赛项目。这是中国体操队第一次参加奥林匹克运动会，在团体赛中我国负于美国屈居第二，那么在单项比赛中，我国还能否拿到金牌？8月4日开始男子自由体操决赛，李宁的自由体操令人赞不绝口，四个裁判一齐举出10分，这是体操比赛少有的。李宁首获第一枚金牌后，又获得了鞍马决赛冠军，他以独特的带跳跃性的各种托马斯全旋转体移位，高质量高规格完成了全套动作，全场观众为之倾倒，又得10分。第三项吊环，这是李宁长项，他以强大的臂力，完成了包括"李宁正吊"在内的高难动作，又夺一枚金牌。赛后李宁双手伏面，语重心长地说："我终于能对10亿人民有所交代，我感到这是有生以来最难忘的荣誉。"这话正道出他的攀登世界体操高峰征程中取之不尽用之不竭的力量源泉。团体赛冠军美国队运动员都心悦诚服地说："今天是中国人天下，是李宁天下，李宁是有史以来最伟大的体操选手。"

1989年，李宁26岁那年，不管李宁做出如何努力，如何呕心沥血地拼搏，他发现自己在体操赛场上，难以再做得尽善尽美，尽管李宁内心在一遍一遍地抗争着"不"，然而他的理智告诉他，18年的体坛生涯已经到了

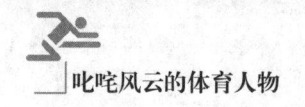

不得不画句号的时候。

体操王子退役，他还能干什么呢？

作为名扬中外的体操王子，李宁其实可以有许多人看来更好的选择，体委主任的位置没有接受，一个欧洲富国年薪200万美元的邀请被他谢绝了。他毅然踏进了健力宝集团总经理的办公室，当上了总经理的特别助理。

究竟这种"不近情理"的选择，是为了什么？

在重大国际比赛中获得许多国家人们尊敬和崇拜的李宁，深知那是因为他比别国的运动员技高一筹，比如"李宁正吊"等以他的名字命名的动作，外国人不得不服。可一旦离开了赛场，国人对中国运动员抛洒得更多的却是冷冷目光，一切皆因为中国"穷"。李宁体味到被人崇拜的自豪和被人冷霜相加的自卑。

李宁说："中华民族也曾经无比优秀地挺立在世界民族之林，今天怎么能甘于接受那些如刀似剑的冷眼？"

1989年4月，进入健力宝集团的李宁，在开始经营健力宝饮料和组建李宁牌运动服装厂。

1999年，世界评选"百年最伟大运动员"，李宁作为中国运动员榜上有名。他是我国被评选上的唯一一位运动员，在港报评出的世纪十大体坛巨人中李宁名列其中，而且排名第二位，给中国人民争得了崇高的荣誉。1999年10月12日，中国男队不费吹灰之力连续四次夺得世界体操赛男子团体冠军。作为中国男队老运动员的李宁十分高兴。他由衷地祝贺中国队的胜利，表示要为中国体操事业的进一步发展做贡献。

尤伯罗斯的创举

1977年，当国际奥委会邀请各城市申办1984年奥运会时，得到的反应却令人沮丧，因为最近几届奥运会上不是发生恐怖活动、欠下债务，就是抵制行动，因此只有洛杉矶一地愿意申办。人们普遍担心洛杉矶政府会拒绝对奥运会以财力支持。一些持悲观态度的人则预测将有一系列问题发生：交通、烟雾、恐怖活动、酷热天气、高昂物价、不足床位、巨额财政亏损以及由于俄罗斯抵制而引起的现场和电视观众对奥运会比赛兴趣锐减。

不过，所有这一切都未发生，这要感谢彼得·尤伯罗斯，一位英俊，有褐色皮肤的南加州旅游业经营商。他当选为洛杉矶奥委会组委会主席后，立刻用商人的眼光审视奥运会组织工作。考虑到政府资助、发行彩票等传统资金来源断绝。尤伯罗斯确定三条资金渠道：电视转播权的出售、商业赞助、门票收入。在商业赞助上采取每一类型行业只选择一家，共选60家，每家资助至少400万，一共是集资1.3亿美元，用来支付运动会开销。电视转播权及提供技术设备合计3亿美元。洛杉矶奥运会的经费，出乎意料地解决了。尤伯罗斯不愧为精明商人，处处精打细算。就是组委会给国际奥委会上缴的2500万美元的支票，他都要挖空心思的故意拖延一天，以便多扣下一天利息（9000美元），以往人们视为神圣的接力（火炬接力）在尤伯罗斯那里也变成赚钱手段。他提出所有美国人都可参加接力活动，但是参加的人必须向当地慈善机构捐款3000美元。组委会决定不建设新的场馆设备，充分利用当地大学的体育设施。在奥运会期间不花钱聘请大量工作人员，而是动员了4万余名志愿者帮助工作。美国人发挥了他们的想象力，敢于创新，这届奥运会没

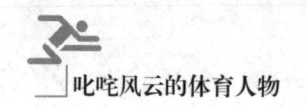

花政府一分钱，而且还盈利2.2亿美元。

第23届奥运会于1984年7月28日召开了。洛杉矶成为继巴黎、伦敦之后，第3个获两次奥运会主办权城市。这个"天使之城"再次成为世人瞩目的中心。当日17点20分，奥运会开幕式在纪念体育场准时开始，146个国家和地区的旗帜在体育场四周飘扬。5架飞机在体育场上空拉出白烟组成"欢迎"的字样。9万名观众用海浪般的掌声欢迎各国运动健将步入场内。

在各国运动员队伍中，最引人瞩目的是来自东方的中国运动员。他们相隔32年之后又出现在奥运竞技场上。中国第一次派出由运动员225人、教练50人、参观团、记者60人和一个艺术表演团，共353人组成的庞大代表团参加奥运会。中国人在洛杉矶受到极大的欢迎。

美国总统里根宣布奥运会开幕，紧接着由世界田坛巨星欧文斯的孙女汉菲尔手持火炬跑入会场。她把火炬交给1960年奥运会十项全能冠军约翰逊由他点燃圣火，火焰沿着五色套环自动燃烧到火盆时，奥运会开幕式进入高潮。84架钢琴奏起了《蓝色狂想曲》，千人合唱队放开喉演唱《奥林匹克之歌》。

虽然前俄罗斯和东欧一些国家没有参加奥运会，但参加人数仍有较大突破。运动员达7960人，大会观众70—80万人，参赛国达146个。

在这次大会上，最引人注目的是美国休斯敦大学23岁学生，被人们誉为"欧文斯第二"的卡尔·刘易斯，他一人独揽男子100米、200米、跳远和4×100米接力4枚金牌。

克鲁斯22岁，生于巴西一个小城镇，家境清苦，父亲是工人，克鲁斯从小养成刻苦耐劳，认真严肃的品格。为了减轻父亲的负担，8岁就常去街头擦皮鞋。11岁时，因为个子高参加了学校篮球队，有一次在篮球比赛时，有一个体育教师看他跑步时步法矫健，把他介绍给田径教练奥列维拉，从此在奥列维拉严格而全面训练下迅速成长。到17岁时出类拔萃，

800米达1分47秒。奥列维拉为了帮助克鲁斯实现自己的宏愿，不惜卖掉小汽车和全套家具，凑足学费到国外培训。1984年洛杉矶奥运上，在强手如林的激烈竞争中，克鲁斯以1分43秒成绩，力克群雄，为巴西赢得第一块金牌，成为巴西人民心目中的英雄。克鲁斯被巴西人称为"希望之星"。

美国明星在洛城大放异彩，洛加尼斯更光彩夺目了，这届奥运会他获得跳板、跳台两项冠军，成为第一个在两项中突破700分大关的男选手。还有400米栏之王摩西，他曾在9年9个月中连续107次获得该项胜利。美国贝诺瓦尔获女子马拉松冠军。

7月29日，中国射击运动员许海峰，摘走本届奥运会第一块金牌。这是中国运动员在奥运会历史上的第一块金牌。为此国际奥委会主席萨马兰奇亲自为许海峰颁发了金牌。中国向世界做了一个漂亮的亮相。不甘人后的中国举重队也以咄咄逼人之势连夺4枚金牌。中国体操旋风更是刮遍洛杉矶，一举得到3枚金牌的李宁成为广大观众最喜爱的运动员。把"中国热"引向高潮的是中国女排，经过顽强拼搏，夺得奥运会冠军，实现了"三连冠"的夙愿。中国人在这里雪耻了"零"的屈辱，她手托15金8银9铜的战绩，跻身于本届奥运会四强之列。

尤伯罗斯和他的同伴白手起家，成功地承办了这届奥运会，为此尤伯罗斯获得国际奥委会授予的奥林匹克金质勋章。尤伯罗斯的创举，深深地震撼了奥林匹克世界。

"詹森现象"与詹森

为什么平时训练，比赛发挥正常，而一到奥运会就失常？这种奇特的现象被世界体坛称为"詹森现象"。学者们通过对"詹森现象"的深入研究，认为所谓"詹森现象"是个心理学问题。由此而引发了运动训练的重大变革，改变以往只重视身体素质、技术训练而轻视心理训练的弊端，进而提出了"七分心理，三分技术"的口号。这在竞技运动发展史上具有划时代的重要意义。

那么詹森是何许人？"詹森现象"具体表现是什么呢？这要追溯到17届冬奥会。詹森当时是美国素有"冰上刘易斯"之称的世界男子500米速滑霸主。在17届冬奥会之前他曾连续夺得世界杯速滑500米冠军，并两次刷新由他自己保持的500米速滑世界纪录。特别是在挪威哈尔马创造的35秒96世界纪录，更成为世界上唯一突破36秒大关的运动员。在17届冬奥会上，美国队对詹森夺取500米速滑冠军寄予了最大希望，外界舆论也一致认为，这枚金牌非他莫属。

2月14日，比赛开始，詹森被安排在第2组出发，不少观众为他鼓掌加油。

进入第2个弯道，突然詹森一个趔趄，差点摔倒，他左手触冰后，很快又站起来，继续滑行。观众席上一片惊呼，有些观众不敢看此情景，甚至捂上脸。此时，詹森虽继续向前冲，但已为时过晚，只获得第8名。

詹森在"海盗船"滑冰馆演出的悲剧，使此间舆论大哗，人们又联想到1988年15届冬奥会詹森在卡尔加里的种种表现：

在15届冬奥会前一周，詹森27岁的姐姐因长期患白血病而不幸去世。噩耗传来，令詹森悲痛欲绝。他和姐姐的感情很深，此次临来卡尔加里之前，他曾向姐姐保证要在冬奥会上夺金牌。

詹森强忍悲痛，带着巨大的心理压力走上赛场。结果这位刚刚获得锦标赛的世界冠军，竟在第2个弯道处摔倒，失去了比赛资格。

在匆匆回国参加完姐姐的葬礼后，他又赶回卡尔加里争夺1000米金牌。可是在比赛中，詹森再次摔倒，又一次失去比赛资格。他难过得流下了眼泪。

1992年16届冬奥会在法国阿尔贝维尔召开。詹森再次发挥失常，500米比赛只获第4名；1000米比赛只列26名。美国报纸不无悲伤地说："幸运女神总是对他冰冷无情。"

对于詹森在冬奥会上三届12年在比赛中连连失常、摔倒，专家们认为并非偶然，在偶然性中也有必然：造成詹森失利原因，首先是赛前人们对詹森的期望值过高，给他造成过大心理压力；其次是詹森本人从未获过冬奥会金牌，所以在比赛中求胜心切，操之过急。正如人们所说越是想得到的东西，往往越不容易得到。"想上天堂的人却往往下了地狱，而不怕下地狱的却上了天堂"。

"詹森现象"在其他国家，以至于其他运动项目运动员身上也时有出现。

加拿大男子花样滑冰运动员奥赛尔，平时训练中动作稳定，技术发挥正常，可是从1983年起，他连续4次参加花样滑冰世界锦标赛，结果4次都名列"老二"，离冠军宝座总是只有一步之差。

1987年，心理学家，心理医生专门为奥赛尔组织了模拟赛场气氛的训练，以便让他学会如何集中精力，控制自我。结果，在比赛中奥赛尔发挥出色，一举登上冠军宝座。

根据心理医生的建议：在詹森500米比赛结束后，彻底放松，带着妻子、女儿，在利勒哈默尔痛痛快快玩了几天，并接受心理放松训练……

1994年2月18日，詹森再次披挂上阵，参加1000米比赛，这是詹森最后夺取金牌的机会，也是他奥运生涯最后一场比赛。比赛中，詹森与4天前判若两人，发挥出色。结果不但打破了世界纪录，而且还获得了日思夜想、梦寐以求的第1枚，也是唯一一枚奥运金牌。

夺取金牌后的詹森无比兴奋，激动，他手捧鲜花，抱着刚刚出生不久

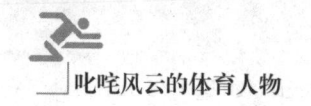

的女儿，在冰场上整整滑了一圈。

美国总统克林顿也亲自打电话，向詹森表示祝贺。他说："你从不气馁，终于赢得了你应该得到的东西，这实在太棒了。"

1995年2月27日，詹森又喜获第65届"沙利文"奖。

"沙利文"奖是美国奖励业余运动员的最高奖。

詹森和"詹森现象"引起世界体坛注目，许多国家竞技运动训练开始将心理训练放在首位，而且对优秀运动员专门配备心理教练或心理医生。一个新的运动训练新时期，拉开了序幕。可以预见这对未来新世纪的竞技运动发展将带来深远的影响。

神童冠军

在20世纪80年代世界竞技体坛上出现两位神童，他们在17岁花季竟一举夺得世界冠军，在世界体坛引起极大的震动。1984年，年仅17岁的苏莱曼诺尔古在一年之内神话般地连续创造了11次举重世界纪录，他的56公斤和60公斤级总成绩分别达到300公斤和327.5公斤的惊人重量。从那时起，他5次名列世界第一，迄今还保持这两个体重级别的抓举、挺举及总成绩6项世界纪录。他也是历史上最年轻的成年举重世界纪录创造者，因而他的名字也被收入《吉尼斯世界纪录》一书。

苏莱曼诺尔古原籍保加利亚，父亲是位汽车司机，他从10岁就开始练习举重，14岁成为少年世界冠军，15岁打破成人世界纪录。1986年12月，土耳其共和国花费100万美元使他成为土耳其公民，以便参加1988年的汉城奥运会。而苏莱曼诺尔古也不负众望，1987年他首次代表土耳其参加在英国举行的第66届欧洲举重锦标赛，在比赛中，他不仅为土耳其荣获一项欧洲冠军，还为土耳其创造了第一个世界纪录。

1988年，在汉城举行的第24届奥运会的60公斤级比赛中，他一人创造了6次世界纪录：抓举150.5公斤、152.5公斤；挺举188.5公斤、190公斤；总成绩337.5公斤、342.5公斤。他的抓举超过体重两倍，挺举超过体重近3倍，总成绩超过获得第2名的运动员30公斤，为土耳其夺得20年来的第一块奥运会金牌。土耳其人民从电视机里看到他创造世界纪录之后，纷纷走上街头跳舞狂欢，人们把他视为土耳其的民族英雄，苏莱曼诺尔古的名字也经常出现在报刊上，土耳其首相还首次把他认为义子。

在1990年第63届民办举重锦标赛之前，他的背部受了重伤，曾宣布退出举坛，但仅一年之后，他在雅典举行的地中海运动会上又露面了，并以抓举130公斤、挺举160公斤共290公斤的总成绩轻松地获得了冠军。当有人问他怎么不退役呢？他说："这儿的医生很好，已把我的伤治好了，我才25岁，我渴望能在巴塞罗那奥运会上重复我在汉城奥运会上的表现。"

1991年，苏莱曼诺尔古又赢得了第64届世界举重锦标赛的60公斤级冠军。但毕竟因伤病及年龄关系，他的巅峰时期已过。1992年在布达佩斯举行的第71届欧洲举重锦标赛上，苏莱曼诺尔古顶不住保加利亚新秀的冲击，尼古拉·佩萨洛夫以与他成绩相同（312.5公斤）而因体重轻，夺走了金牌，这是苏莱曼诺尔古首次被人击败。

1992年7月在巴塞罗那奥运会上，顽强的苏莱曼诺尔古又冲了出来，他以比亚军多出15公斤的优势蝉联奥运会冠军，实现了多年的夙愿。

金牌也给苏莱曼诺尔古带来丰厚的财产，他现在已拥有10座房屋，外出乘坐奔驰汽车，许多姑娘都在追逐他。目前苏莱曼诺尔古仍未退役，他一边训练一边在大学里学习，争取获得大学博士学位。

在温布尔顿网球公开赛上，年仅17岁的联邦德国网球新秀鲍里斯·贝

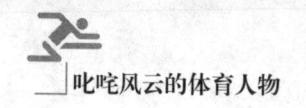

克尔力挫群雄，一举夺得男子单打冠军。他的胜利在世界各地引起强烈反响，因为贝克尔是温布尔顿网球赛99年历史上最年轻的男子单打冠军，也是这个最负盛名的网球大赛史上第一个夺得冠军的非种子选手。

联邦德国至少有2000万人收看了温布尔顿男子单打决赛的电视，当贝克尔以6∶3、6∶7、7∶6和6∶4的比分击败美国名将凯文·柯伦后，举国沸腾，欢呼贝克尔的胜利。总统茨泽克、总理科尔也先后给贝克尔打电报表示祝贺，赞扬他的勇气和对联邦德国的贡献，各大报纸、电台、电视台一致称颂这是联邦德国体育运动的新奇迹，赞扬贝克尔是新的网球之王。

贝克尔身高1.87米，出生在德国一个叫作莱门的小镇。贝克尔的家庭在当地兴办一个莱门网球俱乐部，小贝克尔5岁时就在俱乐部练球，到15岁时已多次参加世界性比赛，三次获得少年单打冠军。他又获得在伦敦举行的女王俱乐部网球冠军，这次胜利使他在世界上的名次跃居第20位。贝克尔右手握拍，技术全面，网前动作迅速果敢，正反手击球都准确有力。他善于发球，能发出20多种不同的球，使对方难于捉摸。他还善于空中截击，而且爆发力强，因而攻势十分凌厉。最近一些专家给他做了速度和力量的测试，得知他击球的速度是301公里／小时，瞬间的爆发力是8.12吨，这是何等惊人的数字！

贝克尔成了联邦德国家喻户晓的英雄，大家亲切地称他为神童。他载誉回国时受到欢迎的场面胜过来访的任何外国元首。他每天都要收到上百封来信，其中不少信出自年轻姑娘之手。许多评论家认为贝克尔以弱冠之年夺得温布尔顿大赛冠军，获得如此高的荣誉实非易举，而盛名之下虽赞慕者众，但欲同他角逐者更不乏人，百尺竿头如何再行奋进，将是颇为艰难的。贝克尔自己也有同感，他对记者说："我深感自己责任重大，许多青年都崇拜我，国家寄希望于我，今后我要一如既往苦练不懈。"在当前世界网坛强将如林的情况下，贝克尔要想立于不败之地，还将要付出艰辛的努力。

创造世界纪录的机器——布勃卡

被称为"创世界纪录机器"的世界田坛巨星、乌克兰名将谢尔盖·布勃卡，在德国柏林的舍内贝格体育馆举行的室内田径赛上，又将撑竿跳高室内世界纪录提高1厘米，成绩为6.13米，打破了他3月在法国第5届精英赛上创造的6.12米世界纪录，这是布勃卡第29次打破世界纪录。

自1984年布勃卡首次以5.58米打破世界纪录以来，他持续不断地破世界纪录，几乎包揽了世界上重大赛事的冠军，使世界撑竿跳高进入了"布勃卡时代"，至今无人能与他匹敌。由于成绩出众，国际奥委会曾授予他"阿斯图利亚斯王子奖"，世界上仅有3人获得此奖。

谢尔盖·布勃卡生于1963年12月，父亲是个军人，母亲是卫生员，他是在乌克兰的伏罗希洛夫格勒长大的。布勃卡10岁开始练撑竿跳，但父母怎么也不同意让自己幼小的儿子到城市的另一边去练习。最后，还是布勃卡的哥哥华西里伸出援助的手，主动提出每天往返接送弟弟。没过多久哥哥也爱上了这项运动，并报名参加训练，兄弟两人的教练都是维达里·彼得洛夫。

维达里·彼得洛夫今年41岁，当了18年的田径教练，是一个对训练方法有独到见解的著名教练员。他认为撑竿跳不像踢足球，是一个单调的体育项目，因此他想方设法激发孩子们的积极性，使孩子们对训练不感到枯燥无味，还盼望着下次练习。

彼得洛夫认为谢尔盖·布勃卡是个意志坚强、具有较高体育天赋的优秀运动员，因而对他加意培养。前些年，新型材料的撑杆层出不穷，有的

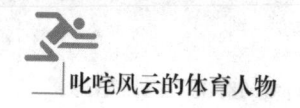

运动员迷信器械，不断改变跳高技术，以适应新的器械。但彼得洛夫教练和布勃卡却认为，器械好固然重要，但运动员主要还得靠苦练力量、速度、控制身体的技能和过杆技巧来取得好成绩。按照这个宗旨，布勃卡长期不懈地努力训练。1981年布勃卡的成绩是5米，名列欧洲少年级比赛第七名，1983年在全苏运动会上仅得第九名。当时的教练说，还是让他踢足球去吧，那样他或许还有个出头的日子。但是彼得洛夫教练和国家队的主教练没有同这些人争论，他们深信布勃卡有着巨大潜力。果然，在他们的指导下，布勃卡的成绩直线上升，并代表俄罗斯国家队参加赫尔辛基世界田径赛。在强手如林的比赛中，19岁的布勃卡首次夺得世界冠军。1984年他三次刷新室内撑杆跳高世界最好成绩，四次打破室外撑竿跳高世界纪录（5.85米、5.88米、5.90米、5.94米）。在法国的比赛中他又第一个跃过6米大关，在两年里就把世界纪录提高了17厘米。

撑杆跳高是项惊险的运动，除了要求运动员有强壮的体魄和高超的技术外，还必须有坚定的自信心，而布勃卡具备了这些条件。他的百米速度是10秒02，跳远7.8米，持杆跑最高速度可达每秒9.6米，并受过良好的技巧训练。在冲击6米大关时，布勃卡选用5.20米的高竿，握杆点是5.10米，比法国名将维涅龙冲击6米时的握竿点高出10厘米。开始，他并不顺利，两次擦落横杆，一次助跑不理想退到起步点，观众席上一片惋惜声，但是布勃卡在关键时刻毫不紧张，冷静地听取教练的意见，稳定情绪，最后冲刺一举成功。惊人的自信心和自我控制能力，也是成功的重要因素。

布勃卡已经成为世界瞩目的运动员，他的个人技术和训练方法受到各国田径界的重视，专家们认为他有可能征服6.20米的高度。布勃卡自己认为，6米是撑竿跳高的一个里程碑，但这已成为过去，他将向更高的目标奋进。

据专家们透露，布勃卡目前的竞技水平仍处于巅峰状态，他现在就有能力越过6.20米这个人类撑杆跳高的"极限"。他的教练也证明，布勃卡在训练中多次越过6.20米的高度（尽管代替横杆的是橡皮筋）。但人们不难发现，布勃卡创世界纪录几乎每次都是只提高1厘米。他为什么采取这样"蚕食"战略呢？

布勃卡曾说过："我不想走比蒙的道路。"比蒙在1968年一举创造了8.90米的跳远世界纪录后，23年来再也没有能超过他，甚至连他自己也突破不了，这样比蒙仅红了一次，犹如昙花一现。而布勃卡在撑杆跳高成绩占绝对优势后，他就不再大幅度提高纪录，而是1厘米1厘米地突破，这样既能使他"红一个时期"，又能不断抬高身价。

前俄罗斯体委有条规定：凡运动员打破一次世界纪录，不管成绩提高多少，都有重奖，每月的薪水和给优秀运动员的奖金津贴照拿。布勃卡从参加众多的国际比赛中，发现提高10厘米和1厘米的结果一样，只要持续不断地破纪录就有一笔可观的收入。现在，他是世界田径明星中收入最高的人之一，甚至已超过通常收入最高的短跑明星了。布勃卡喜欢把自己称之为"人造卫星"。为了让这颗"人造卫星"参加比赛破世界纪录，有时候只支付现金是不够的。去年8月初，瑞士苏黎世体育比赛的主办人安德烈亚斯·布吕格尔提出，如果布勃卡在东京世界锦标赛前两周再创一次世界纪录，就给他价值1.8万瑞士法郎的1公斤重的金条。

谢尔盖·布勃卡目前在体育学院三年级学习。1983年10月，他同19岁的利利娅·秋秋尼克结了婚，她是艺术体操运动健将，不久前当这个项目的教练员。现在他们已经有了一个男孩，为了表示对教练的敬意，取名维达里。布勃卡喜欢诗歌，他天生幽默，喜欢交往，不久前被选为国家队队长。

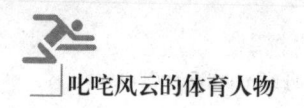

亮出体育牌的政治家

1992年，美国报纸登出一条消息，俄罗斯总统叶利钦年轻时喜欢踢足球，并担任过守门员。由于俄罗斯物价飞涨，他受到了不少攻击，但他声称：定能"扑出"政敌射出的"险球"和"点球"。在俄罗斯政坛发生严重的权力危机，国际上密切关注俄罗斯政治局势时，叶利钦却富有戏剧性地出现在足球场上，观看俄罗斯足球队与外国队的一场比赛，并且一直看到俄队获胜。如把这两件事联系起来加以思考，则意味深长。叶利钦作为政治家，他善打体育牌。

体育从来没有摆脱政治影响，体育运动本身从某种意义上讲，已经成为政治的一种表现形式。当今社会的政治家们正是洞察到这一点，所以都用各种场合来"打体育牌"，以期达到各自的政治目的。

在巴西，一个总统竞选人，如果敢声称他不喜欢足球，他肯定当不上总统。

1984年，法国与西班牙两支球队争夺欧洲杯冠军。法国总统密特朗亲临现场观战。每当法国队有出色表演时，他就起身高呼："法兰西万岁"。终场，法国队以2∶0取胜，密特朗亲自接见了队员，并一一握手祝贺，政府还给队员奖6万美元。

1988年，世界杯足球赛前，墨西哥总统德拉马德里接见墨西哥足球队，把国旗亲手授与球队，并要求他们为墨西哥的荣誉打好比赛。

1988年汉城奥运会前，古巴共产党主席卡斯特罗在一次记者招待会上表示：除非1988年奥运会由南北朝鲜共同举办，否则古巴就不参加；奥运会不应在"美国的装甲车、机群和士兵旁边举行",以此响应"共产党国家抵制这届奥运会"的号召。

1989年1月22日,利比亚在非洲预选赛与阿尔及利亚相遇。在这场争夺进军意大利世界杯足球赛"入场券"的比赛前1分钟,利比亚足协受总统卡扎菲之命宣布放弃比赛。理由是"为了感谢阿尔及利亚兄弟在美国侵略利比亚后采取的立场和纪念里根的恐怖主义任期结束"将此作为礼物,赠送给了阿尔及利亚。

加里卡特是纽约超级明星棒球队接球手,诺兰·瑞安是休斯敦宇宙棒球队的有名投手。因为他们是著名于中美国家的运动员,结果1986年1月27日,他们被编入了美国副总统布什率领的赴洪都拉斯代表团,参加了阿斯科纳总统的就职仪式,这一做法,给美国公共关系带来了前所未有的良好效果。

黑人女运动员高尔夫选手鲍维尔,被美国派往非洲几个国家访问,她被称为不授衔的外交官,完成了许多使命为美国争得了政治利益。

中国的乒乓外交是举世皆知的。由于当时政治形势需要,中美两国政府都希望打开两国封锁22年之久的国际关系大门。周总理果断提出:邀请美国乒乓球队访华。就在当天,美国总统尼克松就发表一项声明:宣布采取5个对华政策的新步骤……使中美关系,甚至整个世界形势,都发生了巨大变化。

首任香港特别行政长官董建华带头参加《港京长跑庆回归》活动,增强了香港回归的重大历史意义。

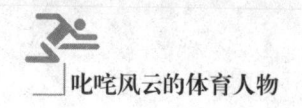

老而不衰的人类英豪

你看体操运动员在比赛时，体形之健美，动作之灵巧，急若旋风的翻腾，刚健矫捷的旋转，轻盈多姿的跨跳，都出色表现了自己身体的控制能力。如果经常练习体操，可以使大脑皮层兴奋与抑制的强度和神经灵活性和均衡性明显提高。

一般人如果快速地原地转几圈，然后站立不动，往往会感到天旋地转。这是由于"前庭分析器"失去稳定性的结果。前庭分析器的稳定性、灵敏性对于从事宇航、航空、航海、高空建筑业等工作十分重要。但它并不是先天获得的，而是通过锻炼获得的。在各种运动项目中，竞技体操对增强前庭分析器稳定性、灵敏性效果最好。所以应该说，体操运动对健身和益寿有特殊作用。

体操，给人带来美的享受。体操运动员的轻盈的身姿，给人飘飘欲仙的感觉，他们矫健、潇洒的身手又激起人们向上的决心和意志。所以谈起体操自然而然同青春妙龄的少男少女联系，人们肯定不会相信，世界体操运动员的行列中竟会有年逾百岁老人，仍置身于体操运动行列。世界上年龄最大的体操运动员，一位是德国人名海因利稀·施米特，另一位是斯洛文尼亚的什图凯利。

施米特是一名园艺师，他在88岁时参加德国体操锦标赛。在所有680名运动员中，数他年龄最大，然而他却获得器械体操（单杠、双杠、跳山羊、鞍马）全能的第66名。

施米特从小喜爱体操运动，直到40岁才被接纳为"德国体操协会"会员，他第一次参加德国体操锦标赛时，年已43岁，以后他又4次参加全国锦标赛，而且每次获得可喜的成绩。

在他92岁时，仍然可在单杠上做"大回环"，双杠上"屈体前滚翻"等有一定难度的动作。而且作完不大喘气，心跳正常，神情安然，像体力充沛的小伙子一般。他还每星期五参加体操协会组织的训练后，还在自家园地里进行双杠练习。

为啥老人身体如此健康，用施米特自己话说，就是因为能够在"新鲜空气环境中工作和进行锻炼。"

什图凯利，1998年11月12日欢度了100岁生日。他先后在奥林匹克运动会上夺得6枚奖牌，1924年巴黎奥运会体操单杠和全能冠军，1926年阿姆斯特丹奥运会夺得吊环金牌，1936年柏林奥运会又夺得一枚银牌。在100岁生日时，萨马兰奇代表奥委会赠给他一个银环，并聘请他为2000年奥运会向体操选手颁发奖牌者。

什图凯利，百岁时仍然坚持登山、练吊环（悬吊），特别爱好旅游。

他这位百岁老人，不戴眼镜，能操7种语言，他头脑清醒，讲述自己运动生涯时，语言流利、层次清楚，就像讲上周发生的事情。他说："他从体育生涯中获得无穷乐趣。"

医生对他说，他的生理年龄只有70岁。什图凯利在探讨自己虽已是百岁之年但仍保持充沛活力的原因时说：这可能首先是遗传，同时与经常散步，深呼吸以及保持清淡食物有关。他每天饮一小杯自己酿造的葡萄酒，这可能也对心血管有好处。

约翰·格林，曾经是美国人的光荣与梦想的实现者。1962年2月20日，41岁的格林乘美国载人火箭飞船"友谊"7号升空，环绕地球轨道3圈，他是第一个环绕地球飞行的太空人中的美国人。1965年格林退役，结束了他的军旅生活，此后他经商从政。但他坚信自己还会有一天进入太空。他坚持每年

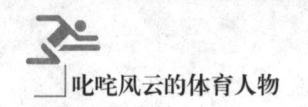

进行一次体格检查。他给自己制定一套严格生活制度，每天从事运动锻炼，不吸烟不喝酒，而且一直坚持用自己的飞机进行飞行训练。1995年，格林发现太空人在无重力情况下出现的肌肉松弛、骨骼脆弱、免疫力下降等现象与地球上老人基本一样。于是他找到了重返太空的最佳理由。凭着执著的追求，他终于说服了太空总署同意他做一次实验，以便研究太空飞行与无重力状态对人类老化的影响。于是在1998年10月29日，他这位77岁高龄老人随着美国"发现号"升空，在太空遨游了9天，并安全返回。

格林以77岁高龄重返太空并安全返回，无疑是整个人类社会的巨大贡献。这位老人之所以能完成这一壮举，与他的人生观有密切关系。他说："我一直认为怎么活，比活多久更重要。"同时也与他终身坚持体育锻炼，有一副钢筋铁骨有直接关系。他也向人类证明，人必然要老的，但老而不衰，永葆青春是完全可以做到的。

塞纳的铁血精神

世界一级方程式赛车是国际体坛上速度最快、奖金额最高和最具冒险与刺激的运动项目。有些选手可以在一夜之间闻名天下，也有些选手甚至在比赛瞬间就一命呜呼。

1994年，F1车坛风云变幻：法国冠军车手普罗斯特将宣布退出职业比赛，英国好手曼塞尔从辉煌顶峰跌落到低谷，而事业正如日中天的巴西人塞纳则因一起意外事故而命归黄泉。这一系列变故令F1车迷们大惊失色而又无可奈何。

1960年3月21日，埃里通·塞纳·达·希里瓦出生在巴西圣保罗的一个富有家庭。在巴西,青少年大多迷恋足球运动,但赛纳却迷上了赛车,他当时心中的英雄是巴西塞车世界冠军埃·费蒂帕尔迪。巴西也有方程式赛车,但这是耗资极高的项目,不是普通百姓能办得到的。因此,尽管巴西出了不少世界级车手,但至今没有自己的车队。

塞纳1990年30岁,人称"天才车手",英国万宝路麦拿伦车队效力。他曾于1988年首次获得世界冠军称号。

F1比赛始于1950年,是汽车运动中最精华的部分。这种赛车的所有部分,如车架、发动机容积、车轮等,都是按照统一的"方程"制造的,因而称"方程式"赛车。这项比赛开始至今,"方程"规定不断变化,赛车的车型也不断翻新。

F1比赛集速度、惊险于一身,成为当今世界仅次于奥运会、世界杯足球赛的第三大赛会,全世界每年都有上亿观众通过卫星收看比赛。

一辆F1赛车身价上千万美元,等于一架小型飞机。车手参加比赛的费用也在几百万美元。塞纳在家庭的经济支持下,从少年时代就开始参加专为青少年设计的Kart小型方程赛车。这种赛车是F1赛车的缩影,而想成为F1车手,他还需要有三级方程式(F3)或二级方程式(F2)的经历。塞纳从小显露出赛车天资,在1973年的巴西圣保罗英特拉戈斯Kart型锦标赛上,他获得第一个冠军称号,那时年仅13岁。4年以后,塞纳成为泛美冠军,还两度登上世界少年冠军的席位。

1978年,塞纳考入巴西圣保罗大学主修商科,这完全是服从父亲的意愿。但他人在教室,心系赛道,大学一毕业就全身心地投入赛车事业中。

欧洲是赛车运动的中心,1981年,塞纳孤身一人来到英国。他首先参加福特1600CC式方程赛,在全部比赛中,他获得12场胜利,拿到了他步入世界赛车界的第一个冠军。第二年,他蝉联冠军,接着又尝试福特2000CC比赛,共获得22场胜利,两次夺得总冠军。这位来自南美的年轻

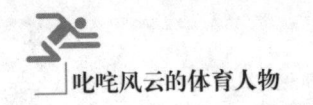

人终于引起一些F1车队经理的注意，他们力邀塞纳加盟本队。

国际汽车运动联合会（FISA）是管理方程式赛车的组织，规定车手必须先参加F3比赛，方能得到"超级驾驶执照"。有此执照后才能加入F1角逐。塞纳决定仍在英国参加F3比赛，结果他共获12站胜利，轻取全英冠军称号。

1984年，塞纳进入托勒曼车队（本烈顿车队的前身）。这是英国一支老牌F1车队。

托勒曼车队当时使用涡轮增压发动机，马力可达1200匹，时速600公里，而一般F3赛车仅有170匹马力自然吸气式发动机。塞纳很快适应了这种世界上最快的赛车，在全年14站比赛中，以积13分，列世界排名第9。第一次参加F1比赛就进入前10名，令世界车坛大为震惊。英国的另一支老牌车队莲花队在第二年把塞纳拉入自己帐下。1985年9月的葡萄牙大奖赛上，塞纳冒雨夺得首次分站冠军，在莲花队效力3年中，他参加了40场比赛，取得5站分站冠军，排名由1985年的第四升到1987年的第三。

高速运转的赛车，正好符合南美人热情奔放的性格。塞纳在比赛中有股猛劲，而且极富冒险精神。他头脑清醒，反应快，只要有1／10的可能，他就会超越对手，而这对赛车运动员来说是危险万分的，于是他在世界车坛上留下"拼命三郎"的绰号。他的比赛风格令许多车手不满，因为塞纳不是在比赛，而在玩命。

美国《体育画报》撰文："塞纳是一架精密机器。只要给他速度，就不会顾及其他任何东西。'鲁莽'和'傲慢'是最适合他的两个词。"

塞纳身高1.75米，体重69公斤。除了赛车，他的最大嗜好是收集航空模型。他平时打网球、跑步，在公路上开自己的本田牌汽车，或到酒吧去喝一杯酒，听听巴西的桑巴音乐。虽然在大学毕业后结了婚，但由于长年在英国比赛，妻子十分不满这位不着家、只顾赛车的丈夫，两人终于分手了。

1988年，塞纳的赛车生涯走上巅峰。英国著名的万宝路麦拿伦车队经理丹尼斯，发现塞纳是个难得的天才，他独特的驾驶技术加上麦拿伦的赛车，一定会成为世界冠军。此时在该队效力的还有一位法国著名车手阿兰·普罗斯特。丹尼斯经理万万没有想到，他拉进的塞纳，却失去了普罗斯特。这可能是应了中国人的一句老话：一山不容二虎。

万宝路麦拿伦车队成立于1966年，在80年代逐步走向成熟。它网罗世界最优秀的车手、工程师、赛车设计师，澳大利亚的琼斯、奥地利的尼·劳达都先后在该车队中效力并都取得过世界冠军称号。车队在80年代末与日本本田汽车公司合作，由本田提供涡轮增压发动机。1988年全年共设有16站比赛，拥有塞纳、普罗斯特的麦拿伦队竟摘走15站冠军，其中塞纳得8站，普罗斯特拿7站。当时的规则规定，积分只统计16站中11站的最好成绩，尽管普罗斯特总积分比赛纳高，但塞纳在日本铃鹿取得第15站的胜利后，已经成为当年的世界冠军。塞纳赛后说："在日本铃鹿车场获胜是我最怀念的一场比赛。"

塞纳的成功，不得不让素有"车坛博士"之称的普罗斯特防着队友几分。

塞纳长年独身一人在外，性情逐渐变得十分孤僻，也经常有一些女人出现在他左右。新闻界就此大肆渲染，使得从不善于与新闻记者打交道的塞纳变得更加暴躁。他有时甚至敢同记者对骂。相反，普罗斯特自认受过良好教育，利用新闻媒介，故意把矛盾推给塞纳。

为了自己的利益，普罗斯特提出要与塞纳私定"协议"，即在新赛季中，双方在进入第一个弯道前，不相互发动攻击。

F1比赛是在不规则跑道上进行，由于道路很窄，弯路又多，所以比赛中超车十分困难。通常车手利用转弯处超车，也就是说，谁先进入弯角，谁也将较容易控制比赛节奏，为取胜奠定基础。在正式比赛前都有一次排位赛，排在首位的车手能够顺利地进入第一个弯道。从1988年至今，每场

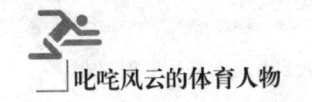

比赛排在第一、第二的车手不是普罗斯特，就是塞纳，但塞纳的次数更多，目前已有55次。普罗斯特是个非常会利用机会的车手，没有机会他绝不会冒险驾车。他与塞纳在比赛中是格格不入的。"协议"的真正目的是，不论普罗斯特排位先后，保证能先进入第一弯道。

塞纳对这项"协议"嘴上不说，但心里十分反感。1989年5月摩纳哥（第三站）大奖赛上，塞纳没有理会队友的"协议"，率先冲入第一个弯道，最后取得这场比赛冠军，之后，两人关系紧张起来，半年内没有说过话。同在一个工作间内，两人仅通过工程师传话。这种局面使双方都感到很压抑。

转眼又到了日本铃鹿一站比赛。此时，塞纳已取得6站胜利，普罗斯特只获4站冠军，但普罗斯特总积分高于塞纳。可是比赛中普罗斯特率先进入弯道——这可是生死关头，只见塞纳不是开车向前，而是径直冲上普罗斯特的赛车，两辆乳白色相间赛车瘫痪在场旁……

塞纳在1999年港报评出的十大体坛巨人中，光荣入选而且根据票数多少，排名第四位，仅次于贝利、李宁、乔丹。这充分说明了塞纳在世界人们心目中的突出地位。

建奇功的侯树英

侯树英已经三次访美，还去过香港、日本和菲律宾。这个斗大字不识一口袋的大老粗，居然成为风云一时的新闻人物，1984年春节在中央电视台同广大观众见面，引起极大轰动。

1980年仲夏，老侯应邀随北京武术团访问美国，巡回于纽约、华盛顿、旧金山和洛杉矶等六个城市，42天总共表演20余场，所到之处，无不轰动。他那高超的硬气功，受到美国各界注目，在近年来众多访美的中国文化、体育团体中，侯树英一枝独秀。马萨诸塞外州州长爱德华正式授予他"美国荣誉市民"称号。得克萨斯州警察局局长杰克赫得委任他为"警察局名誉副局长"，并黄袍加身，发给他美国警服。

1984年8月3日，侯树英赴美探亲，举家来到艾奥瓦州。9月9日傍晚，一辆汽车停在国家银行门口，只见几个大力士从车上卸下一堆大石板，陆续抬进大厅。这晚这家大银行举行酒会，款待前来参加国际写作计划会议的世界知名作家。

抬石头干什么？分明与会议风马牛不相及。原来是侯树英一家应邀表演中国民间硬气功，专门为酒会助兴。

侯树英小试牛刀，一掌劈去，水泥板被猝然斩成两半；妻子孙素兰表演"双峰贯耳"，脑嵌在六块砖摞成的夹层中，丈夫抡起铁锤一记重击，六砖同时粉碎而人安全无恙；女儿侯春雪竟然能够双脚穿鞋踩在鸡蛋上，而鸡蛋不损……一个个节日技艺精绝，使当场目睹的西方人和东方人，皆瞠目结舌，百思不解。

国家银行行长克拉克先生是在二次大战时多次驾驶飞艇穿越希特勒海上防线的功臣，他看了老侯一家表演，惊心动魄，跷起大拇指称赞"我不能不佩服他们，中国人真了不起！"

在西方医生中，有许多人对中国康复气功不屑一顾，可是侯大师高超功力，使这里的医生都开始注意研究中国气功。索尔·彼勒医学博士是该市医学学术组织的主席，他极力主张加强对康复气功的研讨和开发，他安排侯大师为该医学组织讲课或表演。

侯树英在国外的表演、讲学，受到各界注目。所到之处，观众蜂拥，记者追逐。在美国，官方派两名保安人员，跟随老侯形影不离，其中那个剽悍的年轻警官，对老侯的功夫佩服的五体投地，还私下拜他为"干爸

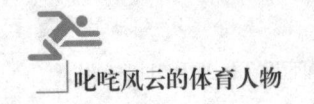

爸"，一心想跟老侯学点绝招。当他访问回国时，这位"干儿子"依依不舍，盼望能再度相逢见到他。

1983年11月，中国新闻社特邀侯树英父子访问日本，在此之前，老侯一家应新闻社之约合作拍摄了一部大型彩色片《大师和神童》，并且全家参加另一巨片《中华武术》的部分表演拍摄任务。当影片在日本首映时，中国新闻社组织老侯父子赴日本出席开幕式剪彩活动，他们到东京、大阪两市，为几家电视台制作节目，七天每天一场，忙得不亦乐乎。每天表演完毕，人们便跟踪追到他们下榻的旅馆，把爷俩团团围住，问长问短。来访者中，有个叫古贺木的日本姑娘，二十来岁，她是日本民间组织"少林后援会"的成员，对中国武术十分推崇，特别是她看了侯家表演精彩的硬气功之后，更是神往，羡慕极了。她画了一幅漂亮的绢人画，并签上自己名字，来到旅馆看望老侯，拉着老侯的手合影留念。交谈中，古贺木面带羞意的提出：要拜认老侯为"干爸爸"，从此老侯又多了一个日本"干女儿"。

有一次武术表演团住在美国一家旅馆，好奇心盛的武星李连杰，拿来一块杯口粗长条鹅卵石，想模仿侯树英来个"掌止开石"，他试了好半天，怎么也劈不开。于是就把侯树英请来请教。老侯看了看石头，告诉李连杰如何劈法，然后站在一旁看着，这回按照指点要领去劈，李连杰没费劲"叭、叭、叭"三掌下去，只见手落石开，鹅卵石被一分为三。可是，当侯树英不在场时，李连杰又找块石头，还想试一次，结果，纵然他使出九牛二虎之力，无论如何也劈不开。李连杰这回服气地说：

"侯老师真是神道，有真功，我服了。"

在侯树英访美期间，所到之处，无不为他的真功所震惊。不过有个别人对侯大师功夫不服气。有位美国人勃兰尼根先生，是个大力士，曾获全美空手道冠军。他体态健壮，力大如牛。在旧金山华侨总会为北京武术团举行的一次宴会上，他见侯树英身材清瘦，貌不惊人，虽能断铁碎石，不过是技巧而已。于是他想同侯树英试图比试，出侯树英的丑。于是就毛遂自荐，主动提出要同侯树英较力"接一勾"。侯树英见他那种跃跃欲试的狂妄举动，想给他点颜色看看，让他知道中国人不可辱和中国武术的威力。

于是，不卑不亢的老侯笑脸相迎，伸出中指与前来挑战的勃兰尼根"搭勾"，稍加使劲，就听对方"啊"地大叫一声，当即表示认输。只见勃兰尼根手指红肿，粗得吓人，经医生检查为中指骨裂。老侯见状深感歉意，责怪自己用劲过猛，玩笑开得过了分寸。

罕世奇功大师

1988年仲夏的一天，一纸电文从海外飞来。电文写道：

"为增进友谊，促进文化艺术交流，我公司特邀湖北省荆州地区杂技团赴阿根廷等国进行商业演出。

国际旅运有限公司
1988.4.15"

这电文转至团长李瑛手中。这位有泪不轻弹的大丈夫久久凝视素笺，不禁热泪涟涟。他有什么盖世魔法备受国人青睐？他又有什么绝技神功得到世界公认？

李瑛是湖北公安县人，1935年生，江南自古多才子，然而也不乏行侠仗义的武林中人和身怀绝技的武林大师。李瑛舅父管富志是公安县有名气的一位武师，通晓内阳功，还精通医道，乐善好施。管富志本想将祖传的医术和积累的行医经验传授给外甥。然而李瑛对医学索然无趣，一心一意想学舅父的高招"内阳功"，管富志见不是外人，便将自己看家本领——

叱咤风云的体育人物

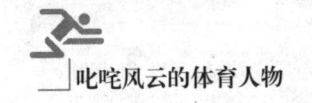

内阳功,竹筒子倒豆子地向李瑛传授。不久李瑛便掌握了"内阳功",同时还掌握了一些拳脚功夫,因此,李瑛便成了当地"小霸主",对付一个高头大马而无功的汉子不在话下。

1988年,早春二月的南昌,红梅点点,彩旗猎猎。华灯齐放的省艺术剧院,省委领导和江西省第五次代表大会代表欢聚一堂,欣赏大师李瑛的精彩表演。

终场时,李瑛又以他的绝技,一记百步掌将晚会推向高潮。台上摆着一张桌子,桌上摆着一个木制花瓶,瓶内插着鲜花。李瑛在徒弟们的簇拥下走下舞台。观众纷纷起身,争相一睹绝技风采。李瑛走到离台百步远的地方停下来,登上徒弟们为他准备的方桌,蹲成马步,对准百步开外的花瓶,发功试掌,只见花束被阵风吹过轻轻震颤,紧接着运足气力,掌往前推,气从掌出,他"呀——嘿"的一声大吼花瓶应声而倒。观众热烈地为他鼓掌。在掌声中,省长吴官正走上舞台与李瑛握手祝贺!一连几天,南昌城到处传扬着李瑛的名字和他的神奇功力。要问他的神奇功力是怎么来的?那要回忆到李瑛刻苦学武的艰难历程。

李瑛在十几岁就学得"内阳功",这时家里小天地已拴不住李瑛的心了,他将视野投向远方。一个偶然机会打听到天府之国的峨嵋山有个名叫李真的高僧,意欲投奔其门下。可是由公安到峨嵋山高路远。他约好几个武友一同前往,但是第一次船未过三峡而返,第二次未遇法师失望而归。1948年春他约武友三人,三上峨嵋。当天客栈均告客满而几人散帮。次日独自上路,行至西门,忽然被一阵凄然的叫声所吸引。抬头望去,只见一条小巷尽头,众多的人在围观什么?李瑛快步上前,透过人缝看见一个青年色鬼对一容貌姣美的姑娘欲行非礼,百余人围观者无一阻拦。姑娘的上衣已被那色鬼扯破,眼看就要出丑,李瑛顿觉热血上涌,急忙拨开人群,冲上前去,将姑娘挡在身后,并机灵叫道:"住手,不准欺侮我姐姐!"正要得手的流氓见一小孩坏了自己好事，不由恼羞成怒，横扫一掌，将李瑛推了个趔趄，顺势又扯住了那姑娘。

李瑛忍无可忍，怒叫一声，一掌劈出，呼呼生风。那色鬼根本没把李瑛放在眼里，轻蔑一笑，侧身闪过。

学拳千招，不如一快。李瑛向前冲去，铁掌快似闪电，"咚咚"两声击中色鬼小腹。色鬼怪叫一声，俯身抱肚，李瑛右膝急抬，"扑"地一声响，膝盖击中色鬼下颌"唉！"的一声向后倒下。色鬼见自己栽在一个小孩手里，太丢人现眼，不由得七窍生烟，翻身爬起，亮出匕首。那流氓反握刀，他欺李瑛徒手，半掩扑近，李瑛用左脚一勾，"叭"一声，脚下被绊，哪里站得住，上身前倾，紧接着李瑛朝对方腰背一个直拳，把流氓打倒在地。这家伙的嘴巴恰巧碰在一块鹅卵石上"格崩"一声上下门牙全掉了。流氓一边呻吟，一边企图挣扎而起，邀人报复。李瑛唯恐滞久有变，叫声，姐姐快跑！拉起那位还在发愣的姑娘飞快地向城外跑去。

李瑛别了那姑娘，一个人向西走去。不几日行至峨嵋县城来到峨嵋山，找到清音阁——李真法师所在。内功卓绝的李真法师声名远播，徒子徒孙遍布川陕云贵，后来闻名海外的海灯法师便是其弟子之一。李瑛见到李真法师说明来意。李真法师见李瑛脖子上有伤，料想必是好斗之徒，于是说：贫道不收门徒，你走吧！李瑛不甘心，在寺外苦守三日也未感动法师。只好走下山去。1949年元宵节刚过，李瑛又一次踏上西去的路。事隔一年，李真法师早已忘却，如今见李瑛再度重来，不禁大吃一惊。经过一番盘查，暂时收留了李瑛。开始只是干些担水、劈柴、扫地之类粗活。后来李真法师让他修六步养生功。一次李瑛思念家乡亲人，清晨练功神不守舍，恰巧被李真撞见。法师不问缘由，拿起携带的竹片，照着李瑛的脑壳打去。李瑛不及躲闪，额头被砸开两寸长的口子，顿时，血如泉涌，洒满袈裟。法师不曾想到出手太重，连忙撕破袈裟给李瑛包扎，至今李瑛的额头还有一块明显疤痕。

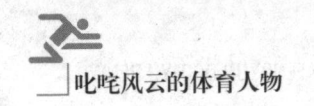

"走神"挨打后，李瑛谨记师训，专心致志潜心修炼。一日，李瑛练卧功时，平躺于床上，两腿平伸，双手成莲花掌置于耳侧，手心向上，清心闭目，以气领意，忽觉右掌心有气流涌出。原来他已练成掌发外气。经过一段苦练，终于练成"神功百步掌"。一次，李法师测试，百步开外的板凳上竖着一本厚厚的经书，李瑛舒臂用力，推掌发气，居然一下将经书击落在地。

李瑛还身怀罕见绝技——眼皮挑水。他用上下眼皮将钢片夹住，再用铁链的另一端铁钩钩住水桶，36公斤重的铁桶被两只眼皮吊起来，然后他可舒展双臂，做大鹏展翅式，眼皮吊着水桶绕场一周。

巨星与名医的化身——海登

在13届普来西德湖冬季奥运会上，海登被授予本届冬奥会杰出运动员称号。当国际奥委会主席基拉宁把金牌挂在他脖子上时说："你是唯一在一届奥运会上获5枚金牌的人，你创造了奥运史上的奇迹。"

本届奥运会，美国共获6枚金牌，而海登1人获其中5枚，另一枚是冰球金牌，为此，赛后，美国总统在白宫中接见海登5次，卡特总统每接见一次都拥抱他，表示对他夺得5枚金牌的祝贺。

1980年3月31日，欧文斯去世，为纪念这位5次打破4项世界纪录的杰出运动员，设立了"杰西·欧文斯"奖，而海登就是欧文斯奖第1位得主。

1984年，国际滑联理事会又做出决议，将冰坛"法瓦特杯"奖授予海登。法瓦特杯是以在1967年至1980年间任职的法瓦特（冰联主席而命名的。

1972年的一个冬天，刚刚在11届冬奥会上获得女子速滑1500米冠军的霍拉姆，激流勇退，提任梅尔逊速滑俱乐部的教练。一天来到一块滑冰场地，正巧看到一群小男孩在冰上竞相追逐，其中一个小男孩良好的冰上意识引起她的注意。

"你愿意到梅尔逊俱乐部接受训练吗？"霍拉姆问道。小男孩这时认出站在自己面前的正是几个月前刚在日本扎幌冬奥会获金牌的人，于是立刻高高兴兴地答应了。

就这样，海登成了霍拉姆的学生。

海登每天都要重复无数次地做着枯燥乏味的滑跳动作，和屈膝下蹲走。有时想偷懒，但一见到霍拉姆严厉的目光海登立刻就打消了念头。

4年后，海登入选美国国家队，初次参加了12届冬奥会，虽然战绩平平，却使他增长了见识也提高了信心。

回国后，在霍拉姆指导下，海登继续苦练，成绩突飞猛进。在第13届奥运会上创造了前所未有的奇迹。

金钱大门一时间向海登打开，而这也是许多运动员在成名之后梦寐以求的。许多经纪人、广告商接踵而至，一次次找上门来，面对唾手可得的大笔金钱，海登不为所动，他拒绝一切合同，甚至连一次广告也不做，他一头栽到书房里，补习中学课程，他把在冰坛上的拼搏和无畏精神用到了文化学习上，他下决心要既得到鲜花，又要得到掌声。他要做一个身心健美的学者，要能武又能文，经过艰苦的钻研，终于以优异成绩考进著名的斯坦福大学医学系。

在大学的5年里，海登从不以当年荣誉自居，在同学中他从不提自己当年在普来西德湖创造的辉煌。他待人谦虚、与同学平等相处，在校学习期间，在刻苦钻研学业的同时仍然坚持体育运动，他希望自己在自行车运

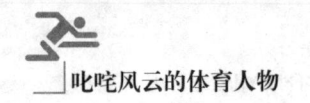

动方面也取得像速滑一样的成就。

1986年，海登入选美国自行车国家队，参加著名的环法自行车赛。在阿尔卑斯山一段赛程中，由于天气过于炎热，他把头盔摘了下来。在一个下坡处，海登不慎摔倒，造成外伤，从此他退出自行车这项运动。

大学毕业后，海登成了加州萨克拉门托医疗中心的一名内科医生。后来他成长为该医疗中心颇有威望的主任医师，并且发表多篇医学学术论文，在本地医务界开始有了名气。海登虽然退出体育界，但从未与体育绝缘。1992年和1994年两次被美国哥伦比亚广播公司邀请，担任冬奥会电视评论员，报道了冬奥会盛况，受到人们的欢迎和赞誉。

与死神对弈

在世界范围内，一项新兴的体育运动——攀岩正在兴起。体育运动项目繁多，受到人们的普遍喜爱。但也有人更偏爱带有冒险性的活动，从险情中得到极大乐趣。近来，一些人热衷于攀登陡峭的岩壁和建筑物，虽一失足成千古恨者大有人在，但也未能使人们对此兴趣稍减。

在加利福尼亚的伯克利，有一条坐落在山丘上的居民街，街上有一些房子大小的岩石。石面上散布着许多研臼般的凹痕，石面十分光滑，据说是当年印第安人碾粟谷用的。因此，这些岩石被称作"印第安石"。到过这儿的人常会迷惑不解：何以在离地面10至15英尺高的垂直岩壁上，会有那么多星星点点的白色痕迹？他们自下而上组成一条条奇特的"道路"，直达岩顶。原来这是爬岩壁的人手上留下的镁粉。在攀登中由于炎热、用力或胆怯会引起出汗，他们用镁粉吸掉手上汗水，以保持手指干燥，增加摩擦力。

爬岩壁的人在开始难度较大的攀登之前，总要先从挂在腰后的花花绿绿的小布袋里抓一撮镁粉抹在手上，就好像棋手在移动一个关键棋子之前，总要先呷一口茶或吸一口烟一样。爬岩壁虽然需要强健的肢体和敏捷的动作，但实际上它同网球、滑雪等力量型的运动截然不同，而与下棋很相似。即使是功夫高深的老手，在攀登时也必须深思熟虑，走一步看两步：下一步手往哪儿抓，脚往哪里踩，左右手和两脚如何配合……来不得半点儿马虎，稍有不慎，便会凌空跌落粉身碎骨。

29岁的弗吉德·库克是一个体育用品商店的雇员，也是最了解和最善于攀登"印第安石"的高手。库克对爬岩壁有独到的见解，他认为这项运动并不是为了飞檐走壁或为攀登高峻的山峰做准备，而是一种岩壁上的芭蕾独舞，是一门值得人们为之献身的艺术。

科罗拉多州另一位爬岩壁的大师，名叫保罗·希利，中等身材，虎背熊腰，长着一双与身材很不相称的粗壮的大手。他除了爬岩壁外，还爬过一些十分危险的古老建筑。他对人讲述说"那些建筑顶端的几层砖块都已经松动，像一只只抽屉，手一抓就抽出来了。于是，你不得不格外小心地把它塞回到墙里去。这时另一只手的手指必须紧紧地抠住同样松动的砖缝，小心翼翼地使全身的重量垂直向下，防止再一次把砖抽出来。天啊，这一切都是在30英尺高的空中完成的啊！"

希利曾在埃尔多拉多峡谷的峭壁上，为人表演横向攀登的技巧。他两手抠住岩壁，两脚不时交叉横行，好像钢琴家双手交叉弹奏时那样优美动人。10个指头灵活而有力，一会儿用两个指头捏住突出的小小石块，一会儿用一个指头勾住石缝，犹如长笛演奏家的十指那样准确无误。看他爬岩壁，你仿佛觉得这是一项轻而易举的运动。希利说，他最担心的就是人们轻易得出上述结论。初学者会因此一时冲动爬向高处，有时甚至可能仅差几英尺就到达顶端，然而他会突然发现手无处可抓、脚无处可踩，处于进退维谷的境地，体内的耐力消耗殆尽——瞬时，死神来到了他的面前……

室内攀岩是攀岩的一个分支。室内攀岩（也称室内爬墙）发源于威尔士。第一面人造爬墙建造于1965年。到目前为止，据不完全统计已有350面，多建于体育馆或娱乐中心，大学、中学运动中心。

鲁宾逊是利兹大学的讲师，爱好爬山运动，他设计了爬墙20多面，他建造了英国第一面爬墙，从而有效地推动了室内攀岩运动的发展。

鲁宾逊所在系的走廊尽头，原有一座"大秃墙"。一天，一个诱人的主意突然闪现在他的脑海里：把"大秃墙"改建成一面爬墙！

校园里本来有两座木制的爬墙，但不大受欢迎。鲁宾逊分析比较爬山者在岩石上攀登的实际情况和采用的技巧，精心地设计出仿造的山岩，使爬山者能够充分发挥出他们的全部技能。

鲁宾逊走遍了山区，采来了不少合适的石头，在征得校方的勉强同意后，招募了泥瓦匠。根据鲁宾逊的指点，泥瓦匠在"大秃墙"上凿坑挖洞，牢牢地镶进去102块石头。莫名其妙的过路人以为鲁宾逊是一位雕塑家，正在墙壁上雕凿一件艺术品，但是学校里的爬山爱好者却毫不迟疑，在水泥还未全干的情况下便蜂拥而至，争先恐后地攀登起来。这个走廊里天天都挤得满满的，人人都想一显身手，个个都要闯闯鲁宾逊设置的难关。

起初，这面爬墙并没有引起校外注意，只是在一个轰动事件发生以后，才引起社会上的广泛反响。一名从未爬过的大学生尝试着攀登这面墙，觉得很顺手，经过不断的实践，居然攀上山岩之巅，还开辟了六条攀登路线，成了一条轰动的新闻。

校方也不吝啬，便将这面墙对外开放。这样不仅爬山爱好者，还有一些设计师和建筑师也纷纷赶来，打算把这一新鲜事物介绍出去。鲁宾逊本人则花费了许多时间，免费给人辅导。他还成立了"鲁宾逊人造爬墙公司"，建造了另外25面爬墙，其中有两面是军队预订的。

鲁宾逊对人造爬墙精益求精，力求完美。他自己动手制造砖头石块。为了吸引爬山者，还特地从秘鲁的安第斯山和南极洲运回石头来。

他们还自己制造裂缝和洞穴。建筑工人按照设计图样造墙，每块石头、水泥砖块在设计里都有固定的位置，不得随便更动。

鲁宾逊还发明了一种仿制岩石表面的好方法，使爬墙如同真的峭壁一般。他事先准备好一系列大型的模子，安放在建筑工地上，将水泥浇灌进去，待水泥凝固后，敲掉模子，一块块表面各异、生动逼真的人造岩石便告成功。这使鲁宾逊实现了他的设计宗旨——为各种各样的爬山者提供方便。他还有一个怪癖，坚持其爬墙要有一种"迷惑性"。有一些很有经验的爬山运动员，常常被他设置的迷惑点引向绝路而失败。

攀岩爬墙可以锻炼身体，强筋健骨。当攀爬时解决了一个小小的难点之后，虽然疲惫不堪，但身体得到了锻炼，从而感到胜利的喜悦和满足。

然而，并非所有的人造爬墙都像鲁宾逊设计的那样成功。为了赶时髦，有些建筑师很少留意鲁宾逊的经验和爬山运动员的实际要求，在设计上出现了一些纰漏。爬墙下面应该有一块平地，使爬墙者在需要跳下时有个安全的落脚点。但是，有的爬墙从底部就开始倾斜，这就增加了运动员的恐惧感和有扭伤腿脚的可能性。爬墙二英尺以下的地方不该安装支撑点，以便于滑落者顺利地滑到地面。但是，有的爬墙一开始就凹凸不平，不但多余，而且也容易碰伤。另外，有些爬墙设计得平淡无奇，毫无挑战性，运动员很快就感到索然无味。

鲁宾逊不断创新，从不满足。他在比利时列日大学设计了一面爬墙，一半在室外，供天气好时使用。

英国登山委员会主席肯·威尔逊主张在室外也建筑人造爬墙。他在伦

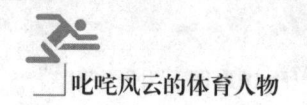

敦伊斯林顿小镇里建造了21米高的室外塔式爬墙。他相信，建筑人造爬墙可以充分利用城市里的空地和死角，诸如立交桥下、废弃的铁路桥梁等。

目前，德国、比利时、日本和美国也出现了人造爬墙。看来，室内爬墙运动将会很快地波及全世界。

西部牛仔的冠军之路

牛仔竞技起源于美国，最初是民间的一种体育娱乐活动。到20世纪中叶，骑牛活动发展成为牛仔竞技。世界范围举行多次骑牛锦标赛。

在一些国家里，特别是在美国，骑牛比赛吸引着众多爱好者。它的精彩之处在于激烈和惊险：牛仔手抓绳索、脚登刺靴，而他座下的公牛野性十足，对它背上的任何负载天生地充满仇恨。它双角锋利、四蹄狂奔，随时都可能将牛仔抛到几尺高的空中。牛仔必须在牛背上8秒钟才算满足，否则不予打分，若牛仔摔下牛背，公牛会不失时机地用角挑、用蹄踏以获得心理上的满足。这一切令人望而生畏，而理查德（塔夫）·赫德曼却能临危不乱，他凭借自己的勇气和技艺，多次夺得世界骑牛锦标赛冠军，并使自己处于巅峰状态。

塔夫曾在1986年和1989年两年中征服多头野牛，两次获得世界冠军。1990年12月，塔夫在内华达州拉斯维加斯举行的全国比赛决赛中再次亮相，准备第三次赢得冠军称号。塔夫骑的牛名叫斯廷格，是头牛场上墨西哥公牛的后代，它体重1900磅，性情极其暴躁。斯廷格兜着圈狂奔，塔夫骑在牛背上已经7秒钟了，可就在这时，塔夫被甩出牛背，但他戴着手套的左手还死死地被牛身上的绳索缠着。绳子绷得紧紧的，公牛拖着塔夫旋转。这种情况下，牛仔至多用8秒或10秒的时间就可以脱身，可是这次塔夫被拴住了。

公牛似乎是不愿放弃这次机会，它要显示一下自己的粗野力量，更加疯狂地奔跑。塔夫突然一用力，使自己平行于地面，他的身体像是通过左臂长在了牛身上，随着牛的狂奔而飞转。这时，罗布·斯梅茨冲上去拉住牛角，他是出色的竞技斗牛士，任务是把牛从牛仔身旁引开。由于牛的巨大冲力，罗布也被拖得跌跌撞撞，其他的一群人在塔夫的哥哥罗奇的带领下也跑过去，经过30秒他们才割断绳子使塔夫的手得以解脱。这时的公牛也已能量耗尽，精疲力竭地停了下来。塔夫气喘吁吁，但未受伤害。事后塔夫操着浓重的德克萨斯口音说："我简直就像是在战场上奔跑。"塔夫的妻子特蕾西回忆说："当时我和伙伴们都在看台上，每个人都疯了，而我却只是呆呆地看着眼前发生的事情。"

第二天晚上，塔夫又一次出场并获得82分的高分，与另一位牛仔并列第一。事情就是发生在一瞬间：或者你战胜牛，或者牛战胜你。

塔夫有一个温暖的家庭，由于职业比赛的性质，他在一年的大多数时间里不得不离开他的娇妻和爱子。塔夫不无遗憾地说："一年中我也许有225天和家人分离，很多时候确实想待在家里，但每一天都提醒我要奔向全国决赛。这使我在全年时间里东奔西忙。我在这已经是第9个年头了，可我还是像初到时那样兴奋。"塔夫的儿子叫罗伯特，才6个月，小家伙翘鼻子，软头发，特别爱笑。塔夫爱子胜过一切，他曾说过："我宁可让汽车轧死也不愿在赛场上从牛背上掉下来，我要为儿子树立榜样。"

在塔夫的生活中，值得一提的是他的对手也是他的好友莱恩·弗罗斯特。塔夫和莱恩是在1980年举行全国中学联赛上认识的，从那时起他们就成了竞争对手。他们俩年龄相差7个月，都有一个相同的目标：成为世界上最棒的公牛骑手。塔夫羡慕莱恩拥有的而又正是他自己缺乏的东西：政治家的风度，英俊的长相，无时不在的乐观，优美的骑牛姿势，甚至还有

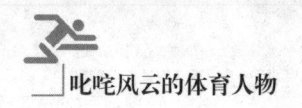

他帽子里那长长的褐色头发。谈到自己的大学生活时，塔夫说："莱恩是我崇拜的人，更是我想击败的人，在我眼中，他比实际情况更潇洒，骑术也更高。"

1985年塔夫在竞技场上有了立足之地，他和莱恩成了朋友和旅行伙伴，此后夏普在1986年，布朗哥在1987年先后加入他们的行列，这四个人驰骋赛场，所向披靡。无论走到哪里，他们都是人们注视的中心和议论的话题，而在他们中间莱恩又是佼佼者。塔夫这样说："我有许多缺点，我可能是很消极和令人讨厌的。认识莱恩是我感到最幸运的事，正是从他身上学到的东西使我成为一个好得多的人。"

不幸的是，莱恩在1988年7月的一次比赛中被牛从身后挑倒，离开人世。塔夫为失去自己的好朋友悲痛万分，他说："我无论如何也忘不了这件事。"但是他必须面对现实，在他朋友去世5个月后举行的全国决赛中，他努力克制自己的悲痛情绪，决心赢得比赛。赛前他就宣称一定要夺取冠军以纪念莱恩。比赛中塔夫勇猛无比，似乎是与莱恩并肩作战，从观众的欢呼声中他取得了最后的胜利，为了对他已逝去的伙伴表示敬意，他在牛背上又多骑了另外的8秒钟。

在1991年全国决赛中，塔夫闯过了前6轮比赛，但在第6轮比赛中，他的脚踝受伤了。但他还是要带伤参加比赛，因为牛仔没有伤痛基金也没有担保合同，塔夫说，"如果我不骑了，没有人付给我钱。"那天晚上他穿着矫形缚带靴三次跨上牛背，但有一次被摔下来，虽然他未得分文收入，但他向人们显示了他能继续比赛。比赛激烈地进行着，塔夫在参加第8轮比赛前意识到自己仍有望取胜，他说，"我得特别努力，一次也不能掉下来了。"塔夫急于有一个突破，抽签时他抽了一头叫"花花公子"的牛，这是一头高分公牛，它在当年的早些时候曾将塔夫抛下牛背。

"花花公子"窜了出来，它疯狂地打着旋，要从塔夫手下挣脱出来，此时此刻对骑手来说，感觉要比力量重要得多。公牛双眼喷出怒火，浑身肌肉都在抖动，它先是两次大的跳跃，没能撼动塔夫，接着它又使尽全身力气有节奏地弯背跃起，一蹿一跳，塔夫反应机敏，稳如泰山，像所有牛仔在比赛中力争做到的那样，他不和牛拼力气，而是借风行船。人与牛之间展开了互不示弱的较量。宣布8秒钟到时的喇叭声响了，塔夫战胜了"花花公子"。所有的目光都集中到高悬的记分牌，数秒钟后，裁判亮出了分数：91分。这是全国决赛中的最高的分数，也是塔夫比赛生涯中5个最好成绩之一。

塔夫以领先的成绩参加星期天下午举行的最后一轮比赛。要取得冠军称号，塔夫还必须战胜一头名叫桑波的公牛。桑波在第6轮比赛中曾以一次突然的摆动将牛仔布朗哥甩下牛背。比赛开始了，正如塔夫预料的，桑波像对付布朗哥那样，先是向左侧急转迅跑继而又改变方向并突然降低速度。由于塔夫向左用力过猛，桑波改变方向时他身体几乎失去了平衡，全部重量都倾斜到一只手上，他的躯体也几乎平行于地面，桑波此时占据主动，只要它向右一转，塔夫必定会头朝下地栽到地上，但桑波是沿直线向前奔跑，这就使塔夫获得机会调整好位置。塔夫又一次取得胜利。当他一瘸一拐地走出比赛场地时，他高兴地把帽子抛向空中。

比赛结束了，塔夫再次夺魁，为此他得到11107美元的全年收入，比位于第二名的特德·纽斯多大约1500美元。

赛后有人问塔夫，"你对'轻松'一词如何解释？"他大声回答："比赛结束。"

但是轻松的日子不会持续很久，6天以后塔夫要奔赴堪萨斯州参加骑牛邀请赛，然后再转战丹佛，在那里他又要开始争夺下一次的冠军。塔夫经历过无数次险境，他不只是一般地幸运，他自己也深深意识到这点。正如他说的"骑牛比赛中不是会不会受伤的问题，而是什么时候受伤，伤得

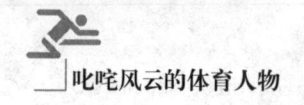

多重"。但他还是自嘲地说:"我喜欢骑牛。"

非凡的腾越

试想,你在室内,比如说,当地的小餐馆或你的居室里,用步子量出8.91米距离。瞧瞧吧,刘易斯跳出了小餐馆的长度,跳出了你起居室的长度,超过了你大胆的想象,他跳过了12个人肩并肩躺着的人身。这奇迹般的一跳,数年来一直被人们谈论、评述、分析,并认为是不可逾越的纪录。

想当年,1968年墨西哥奥运会上,一名叫鲍勃·比蒙的美国跳远选手,以那令人难以置信的一跳,曾给我们留下一幅持久而精彩的影像。当时跳远世界纪录是8.23米,而比蒙的一跳却飞跃了8.90米,超过世界纪录近整整70厘米。当时几位参加比赛的运动员博斯顿说道:"相比之下,我们其余几个人都是小孩了!"

1968年,刚满7岁的刘易斯还不能充分理解比蒙的成就。他家住在美国新泽西威林博罗市,他来到前院的草坪上量出了8.90米长度,他打量着这段距离,自言自语地说:"真是不可思议,一个人怎么能跳得这么远呢?我有一天能超过这个距离有多好啊!"他从此暗暗下决心,为了这非凡的一跳而奋斗。

刘易斯有很好的家庭条件,他的家是将门虎子、体育世家,榜样就在他眼前。他父亲是大学橄榄球队长,母亲曾是奥运会跨栏运动员,两个哥哥都是学校的优秀运动员,还有他的妹妹卡罗尔,不仅是美国室内跳远纪录保持者,而且是出色的跳高、跨栏和体操运动员。

体魄强健的刘易斯，身高1.88米，体重80公斤，长腿细腰。从小，刘易斯就被父母带到田径俱乐部参加训练或比赛，开始常常落在后面。他说：

"一直做家中一个不争气的人是极不光彩的，因此，我便当真的努力起来。"

他的良师汤姆·特勒斯是一位田径技术专家。刘易斯经常向他请教有关力学问题，什么牛顿定律、抛物线、运动加速度等等。特勒斯认为，许多跳远运动员把注意力过多集中到腾空高度上了，他对刘易斯则强调助跑技术以及上板不减速的重要性。你运动得越快，在较短时间内所产生的力也越大。非同寻常的是，刘易斯在训练时从不做整套练习，而是进行跳远单项技术练习——助跑、起跳、落地——然后在比赛时连接起来一次完成。由于他的助跑速度极其惊人，因此当他那80公斤身体全速蹬离踏板时，他获得极大的力。刘易斯后来非凡的一跳，连同刘易斯早期家庭影响以及教练的科学训练有密切关系。

1979年，刘易斯首次代表休斯敦大学参加比赛，他创造了美国高等院校的跳远纪录。1981年和1982年，他成为本世纪第一个在两个项目上（百米和跳远）连续两年夺得全美冠军的运动员，在田径界引起轰动。人们开始意识到，只有跑得最快，才能跳得最远。而刘易斯正具备这种潜力。只有刘易斯才是向比蒙挑战的真正对手。

在大学里，刘易斯学的是电信工程专业，他还选修了演讲和公共关系课。广泛的知识，使他的文化修养提高起来，但是最重要的是心理稳定，对他的迅速成长起到十分重要作用。洛杉矶奥运会之前，国际新闻界早把刘易斯的宏愿传播到世界各地。全世界都在注视着他是否能最后夺得4枚金牌，对一个年轻选手来说，精神压力是很大的。然而，良好的心理素质和思想作风，使他既自信十足又潇洒自如。他说："我把百分之九十九精

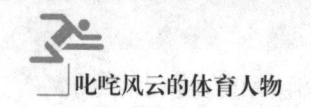

力用在训练上，用百分之一的精力去想金牌。等比赛开始，我将百分之百，全力以赴地争取金牌。"

为了消除外界干扰，集中精力参加比赛，在奥运会田径比赛开始前10天，刘易斯一家搬进洛杉矶的一套住宅，这是一所院中有游泳池的二层楼房，外界不知其电话，被人称为"刘易斯别墅"。

为了不引起观众轰动，刘易斯首先宣布不准备参加开幕式。开幕式那天，为了在入场时不被发现，他特意戴上墨镜。非正式招待会以及新闻记者约见一律拒绝。

洛杉矶奥运会刘易斯获得四冠王，使全世界新闻染上"刘易斯热"，各大报纸都竞相刊登刘易斯颂文。刘易斯也成了大忙人，许多著名厂家请他做报告。他频频在演唱会上亮相，甚至还灌了一张"刘易斯歌集"的唱片，风靡美国和欧洲。请他做广告的大公司接踵而来，他有了自己的经纪人，很快成了百万富翁。以致他的密友也劝他放弃田径，向娱乐圈寻求发展。然而，刘易斯并未满足已取得的成就，也没有被"颂扬声"和"金钱"所打倒。他依然热爱田径运动，依然在追求更高的目标。他听从教练的意见，回到田径场。为1987年第2届田径锦标赛和1988年奥运会做准备。有人说，这是刘易斯在思想作风上的一次"非凡跨越"并不过分。其价值并不低于打破跳远世界纪录的"非凡一跳"。

1991年，刘易斯已30岁，但在第3届田径锦标赛上他以9秒86成绩勇夺金牌，而且在跳远比赛跳出8.91米，打破比蒙25年未破的纪录，成为超世纪的一跳。

虽然，刘易斯已是31岁的老将，但是在巴塞罗那奥运会上，再一次夺得跳远和4×100米接力赛两枚金牌，向世界再一次显示了"大将风范"。

由于刘易斯在田径运动中的杰出贡献，1999年港报评选世纪十大体坛巨人，刘易斯榜上有名，这是当之无愧的。

"出师未捷身先亡"

1984年7月20日17点30分，美国弗蒙物城附近一个小镇的郊外，一个骑摩托车的人发现路旁倒着一个人，他身穿背心短裤和运动鞋。摩托骑士立即报警，警察和救护车赶到时，那人已经死亡了。当晚，全美的电视新闻节目报道了一条惊人消息：掀起美国"慢跑旋风"的著名体育作家菲克斯，独自慢跑倒毙路旁。死因系心脏病发作，享年52岁。菲克斯之死立即在美国和欧洲及其他国家引起了一场风波。人们不免会感到奇怪，为什么一个马拉松运动员死了会引起那么大的轰动呢？原来，菲克斯写了一本书，名曰《跑步大全》，1977年出版时成了畅销书，并被译成16种文字在许多国家发行。在我国1980年被译成中文出版，第一版发行22万册。《跑步大全》在几年中出售95万册。他在书中大谈他的运动经验和坚持长跑对身体的益处。他写道："身体健康最重要的唯一标志是心血管的耐力，而这种耐力是靠跑步增强的。"在菲克斯的启示下，美国许多中年人开始坚持长跑锻炼。他们想，像菲克斯这样一个体重214磅、每天抽两包香烟的胖汉子况且能有朝一日锻炼成体重160磅的马拉松运动员，他们又何尝不能如此呢！然而菲克斯的噩耗使他在美国各地的大批信徒惊愕万分，一个个战战兢兢地问道：菲克斯是因为跑步而死的吗？跑步对身体究竟是否有益，或者反而有害甚至造成死亡？

美国的一些医生指出，对这些问题没有简单的答复。菲克斯过去喜欢评论，说正常的体育锻炼是能减少心脏病危险的，胆固醇、血压、体重、肺功能都表明受到锻炼的积极影响。《美国医学协会》杂志不久前发表了哈佛大学和斯坦福大学一项新的研究成果，进一步证实菲克斯的说法是正确的。据该文的主要作者凰芬伯格博士说，从对17000名35—84岁的男子的调查研究中发现，体育活动的水平与人的寿命长短有直接的关系。能置人于死地的心脏病，在那些最惯于久坐的人的发病率几乎是那些最爱活动的人的发病率的两倍。《跑步者世界》杂志医学栏编辑乔治·镣恩博士是一名马拉松运动员，并且是菲克斯的朋友，他做出结论："你要是不坚持跑步的话，那么你会死得更快。"

那么菲克斯的确是因为跑步而死的吗？其实，凡是那些在路上跑步时出了问题的运动员总是那些早先就有冠状动脉瘤的人。菲克斯就是属于这种情况。跑步并不是造成其死亡原因。

对大约20%的心脏病患者来说，死亡前没有任何症状，而菲克斯好像有某些预感。在他死之前几天，他向一位一起跑步的同伴抱怨说他感到精疲力竭。希恩博士说："在心脏病发作前经常会出现极度疲劳的现象。"更重要的是，菲克斯曾对家人说过他跑步时感到喉咙很紧。芝加哥西北医疗中心心脏病学家温斯洛说，这很可能是心绞痛，是冠状动脉生病的一种有警告作用的迹象。心绞痛虽然被说成是胸腔内的一种突然的剧痛，但它可能发生在从鼻子到肚脐的任何部位。通常心绞痛老是发生在同一部位，当体力活动停止时，疼痛也就消失。温斯洛说，"紧"和"沉闷"是对心绞痛的两个最常见的形容词。医生们说，如果说可以从菲克斯之死吸取什么教训的话，那就是对预警信号不可掉以轻心。菲克斯的遗孀艾丽斯·卡斯曼说，菲克斯明白，他的家庭历史使他有患心脏病的极大危险，然而他确实是疏忽了，没有去找医生看病。去年底在对一些跑步运动员进行体检时，库珀医生敦促他的朋友用踏车压力检查法对菲克斯进行心功能检查，但菲克斯拒绝了，其理由只有他自己才知道。温斯洛指出："冠状动脉瘤在心绞痛之后出现的另一种最常见的症状就是否认自己有病。"对像菲克斯这样的长跑运动员来说，否认自己有病是不幸的。

菲克斯于1932年出生在纽约市。他父亲当时是《时代》杂志编辑。菲克斯从小就敬仰父亲。他上小学时，一次在放学路上被坏人打得鼻青脸肿，父亲没领他找校长，而带他去找一位有名的拳击教练。那教练教了他几招，并陪他练了一个多钟头，然后说："行了。"后来，坏人还想欺负他，但却被他三下两下打得爬不起来了。

菲克斯上中学时，他的父亲才35岁，却得了心脏病。当时正是二次大战期间，《时代》杂志工作繁忙，父亲为对付工作，抽烟过多，43岁便因心脏病发作去世。菲克斯回忆说："在那8年中，他整天埋头案上，我只见他去打一次橄榄球。"父亲的经历大概是使菲克斯后来省悟到必须以运动调整生活节奏，但真正体会到这一点还是通过他本人的亲身经历。

菲克斯大学毕业后步父亲后尘，甚至有过之而无不及，他同时为几家杂志写作和编辑，其中包括著名的《一活》画报。他每天必须抽两包烟，且暴饮暴食，不常运动，偶尔打网球，体重高达100公斤。他婚后有四个孩子，他必须辛勤工作，才能让妻儿过得舒服些。

1967年，菲克斯才35岁，但身体状况已属于他自己10年后所写的《跑步全书》中论述的有关心脏病的"高度凶险线"了。有一次，他打网球拉伤了小腿肌肉，跛了几个星期。但他没有找医生，他很生气，因为他发现自己的身体竟如此不中用。后来，他开始练跑以助身体复原，他戒了烟，注意减肥，每天增加一点跑步距离，没想到这样一来却对改变美国人的生活方式产生了重大影响——他开始认识到慢跑的优越性，这些他都写进《跑步全书》，使美国人掀起跑步热。他以亲身经验告诫人们，要消除"文明病"，就得跑步。

后来，菲克斯搬到康涅狄格居住，他找到一条风景优美的跑步路线，每天跑10英里，过一些时候他身体状况有所好转。1977年跑步全书出版。

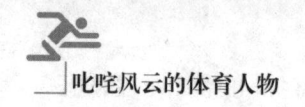

菲克斯一举成名，他自己对书中的论述身体力行。后来，他又写了续集《跑步二书》也销了18万册。

虽然菲克斯能指导别人如何跑步来增进健康，但他自己却不注意自己的身体状况，尤其是他的遗传性心脏病。在美国，心脏及血液循环系统的毛病一向列在各种疾病的首位。据统计，每年心脏病发作的美国人达150万，其中56万可能丧命。如40岁以前患心脏病，子孙有1／3的机会能产生相同的症状。菲克斯对此知道得很清楚，但他不爱找医生看病，有几次，他在家里时心脏病发作了，他胸口疼痛，呼吸困难，全身无力，但他总不以为然，休息一会儿又照常工作了。

菲克斯认为跑步是最好的治疗方法，他曾8次参加波士顿马拉松，最好成绩达3小时12分。因此，便对自己的身体掉以轻心了，既然能跑完马拉松，心脏是不会有毛病的。1984年春，他为了完成一部书稿，每天工作12—14小时，这大概也造成了心脏超负荷。6月，他交了书稿，觉得如释重负，便开始安排假期。7月20日下午，他独自驾车到哈威镇，4点半外出跑步，1小时后便倒毙路旁。

验尸结果断定菲克斯死于心脏病发作，病名为"心室纤维乱缩"症。发病时，心脏无法压出血液，脑部没有氧气供应，病人在几秒钟内就会失去知觉，几分钟后即死亡。解剖结果发现菲克斯的心脏有不少伤痕，大部分是新的，可能是近几个月造成的。伤痕都在心脏前方，显示出所谓的"无声冠状动脉瘤"，病人平时不易感觉到心脏病症候，但发病起来往往不可收拾，难怪菲克斯跑了那么多回而并不感到不适。菲克斯的动脉也有"粥状硬化"，可能在童年即已形成，经多年阻塞到一定程度时，突然发作，就影响了心脏的功能。

显然，菲克斯不是因为跑步才丧命，而是因为他潜伏多年的心脏病使他突然死去的。尽管这个结论是具有权威性的，但人们却心有余悸，有不少人将原来跑步改成健身走。

美国的首枚金牌

艾琳·里金女士是位非凡的人物。她是美国历史上第一位获得奥运会金牌的女子，也是年龄最大的奥运会女子冠军。

尽管年事已高，艾琳女士仍然精力充沛。她的住所在夏威夷海边，她几乎每天都要去游上二三公里。这位82岁高龄女士的健身秘诀也许正在于此。艾琳是位富于活力的老人，具有一种独特的魅力。1931年，她就享有"美洲游泳姑娘"的美誉。

艾琳于1906年5月2日出生在纽约附近的洛德岛，从小和水打交道。她的父亲是位海军军官，曾被派驻菲律宾。艾琳的游泳生涯应该从6岁算起，是在菲律宾开始的。11岁时，小艾琳回到纽约。她患了一场病，体质变得非常虚弱。医生建议说，还是在游泳上面打主意吧。她回忆说，自己本能上就有一种对游泳运动的需求。这种需求比医生的建议更为重要。于是，小艾琳在纽约女游泳协会注了册，参加正规训练。由于基础好，训练刻苦，加上指导老师林敦·汉德利方法得当，小艾琳很快出了成绩。她参加了从50米至1000米的各种距离的比赛，多次获得冠军。在德拉瓦河3英里游泳赛上夺魁也在这一时期。

14岁时，艾琳参加了全国选拔赛，同国内最优秀的跳水运动员一比高低，结果，她获得跳台跳水第二名、跳板跳水第三名。这样优异的成绩完全达到入选美国奥林匹克代表队的标准，但体育界一些领导人嫌她年龄小，不同意她参加奥运会。

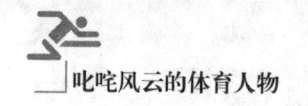

艾琳说:"原因在于奥委会领导人不愿让我和海伦·韦因赖斯去安特卫普参加奥运会,而海伦和我同岁。他们说,要让成熟、美丽、能使美国引为骄傲的女子能参加奥运会,而不是小姑娘。后来他们没有办法,只得同意让我去了,但为我指派了一名监护人,专门看管我。回来时我捧来了金牌,还是那领导人,对我没完没了地夸赞,这就是生活。"

当时美国代表团共有400余名运动员,女选手只有15人。从安特卫普返回纽约时,代表团乘坐的轮船名为"马托卡公主号",在海上航行了13天,这条船战争期间运送过士兵。

"安特卫普给我留下了美好的回忆,尽管当时我还很小,感受不到男人们向我献媚的喜悦,但比利时国王授予我金牌时热情的话语,比赛中激烈竞争的场面,尤其是回到纽约后受到的盛大欢迎,都使我永远不能忘怀。"

艾琳·里金女士拿出了珍藏的奥运会得奖证书。证书上有现代奥运会创始人顾拜旦的亲笔签名。四年之后的1924年巴黎奥运会时,她第二次参加奥运会,她和约翰尼·韦斯穆勒相识。

"约翰尼·韦斯穆勒能使所有的女性变得疯狂。有段时间他总和我的一位女友一起出去,她在四年后阿姆斯特丹奥运会上拿到了金牌。约翰尼并不满足于只和她交往,他是个天生的征服者,一个非常漂亮的男人,我们之间后来建立起特别深厚的友谊。巴黎奥运会之后,我们一起在欧洲作巡回表演。他是奥运会上的'国王',我是跳板跳水银牌和100米仰泳铜牌获得得者。"

艾琳在跳水和游泳方面取得了成就,好莱坞导演看上了她。尽管她说从未被电影所吸引,但仍然参加了电影的拍摄。美国电影的第一个水下动作镜头就是由她表演的。后来她又参加了电影《百万分之一》的拍摄。不过,她终于没有把电影作为其职业。1926年,她成为美国第一位职业女运动员。从

1930年起，她当上体育记者。这是美国第一位体育女记者，大概也是全世界第一位体育女记者。她还为《纽约晚报》当了多年的专栏作家。

1957年，艾琳·里金女士移居夏威夷，实现了当年从安特卫普回国途中产生的理想。

面对太平洋，背靠钻石山，艾琳·里金女士平静地度着自己的时光。她没有任何后代，但是她的名字已经载入历史。她曾经写下的大量文章和书籍是一笔富贵的财富。这位非凡的女性，被许许多多的美国人奉为楷模。

创建"NOA"的历程

1992年3月，由国际奥委会发来一份文件，文件内容是转发国际奥林匹克学院（National Olympic Academie）简称"NOA"的给奥林匹克运动各成员国的一项建议，建议在本国高等学校设立奥林匹克课程。我国积极响应，各体育学院均设置了奥林匹克运动课程，同时出版了通用教材《奥林匹克运动》。那么这个"NOA"与奥林匹克委员会是什么关系？它又是怎么创立的呢？

成立于1961年的国际奥林匹克学院是进行奥林匹克研究和教育的机构。35年来，已有100多个国家和地区的3万余人在此学习。该学院为宣传奥林匹克理想和弘扬奥林匹克精神做出了重大贡献。

它的创立历经23年之久，经过一段艰难险阻的过程：

现代奥运会的创始人顾拜旦最早认识到创立一个奥林匹克研究中心的重要性。他指出：这个机构应该能对所有与奥林匹克主义有关的问题进行深入的研究，以便为奥林匹克理想提供一个科学的理论框架。这位法国教

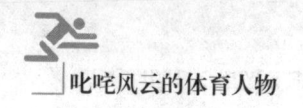

育家还指出：体育在古希腊时代就具有特殊的教育价值并构成了古希腊文明的重要支柱，现代体育如果与教育融为一体将取得更大的社会价值，因此，建立一所国际文化研究中心是十分必要的。在这个中心里，将用奥林匹克主义教育来自世界各地的青年，使之身心和谐发展并为建立一个更加美好的世界服务。

顾拜旦的这一设想得到了希腊国际奥委会委员约翰·凯特塞思（John Ketseas）和德国教授卡尔·迪姆（Carl Kiem）的赞同。这两位在奥林匹克运动中结下深厚友谊的老朋友，开始了创立奥林匹克研究中心——国际奥林匹克学院的艰辛努力。

1938年8月，卡尔·迪姆向希腊奥委会提出了在奥林匹亚创建国际奥林匹克学院的建议。随后，迪姆和凯特塞思又向希腊奥委会呈交了创立国际奥林匹克学院的计划，该计划得到了希腊的支持。从此，创建国际奥林匹克学院成了希腊奥委会的奋斗目标并以法律的形式写入了该组织的章程之中。同年，希腊国际奥委会委员阿·弗兰内基斯（A.Volanakis）将此情况向国际奥委会第36届全会进行了通报。

从1938年至1942年，迪姆与凯特赛思这两位创立国际奥林匹克学院的先驱为实现这一目标密切配合。但由于希腊面临财政困难和二战的困扰，1942年后，迪姆曾设想将国际奥林匹克学院的地点改在远离战火的美国。

二战结束后，一度遇到波折的创建工作重又开始。1947年6月，希腊奥委会向国际奥委会呈交了研究中心的计划。1949年1月，为在希腊创建奥林匹克学院不懈奋斗的凯特塞思向国际奥委会提交了一份备忘录，文中提到，希腊将在国际奥委会的支持下承担组建国际奥林匹克学院的任务。

1949年4月28日，国际奥委会在罗马举行的第44次全会上，通过了希腊在奥林匹亚创立国际奥林匹克学院的建议，有关筹建的一切工作正式委托给了希腊奥委会。迪姆和凯特塞思又重新携手，继续从事十多年前就开始的艰辛工作。他们将院址选在了古代奥运会的举办地——阿尔齐斯神域附近，并克服了大量困难，使筹建工作如期完成。

1961年夏天，国际奥林匹克学院的落成仪式在奥林匹亚隆重举行，来自世界各地的250余名青年男女成了该院的首批学员。他们虽然在简陋的帐篷里居住，在露天的草棚里上课，但他们却将在这里接受的奥林匹克知识带到了世界各地，成了奥林匹克的宣传者和组织者。

从1961年至1969年，国际奥林匹克学院的活动仅有一项，即在每年的夏天举办为期两周的由35岁以下青年人参加的国际奥林匹克研讨会。1970年后，活动内容逐渐增多。近年来，从每年的4—10月，要举行30多项共3000多人参加的与奥林匹克运动有关的各种会议。主要有：

各国家或地区奥委会选派的35岁以下青年人的国际奥林匹克研讨会，国际奥林匹克研究生研讨会，国际奥委会、国际单项体育联合会、运动医学学会、教练员学会、裁判员协会、体育记者协会等与奥林匹克运动有直接关系的组织召开的专门会议；为传播奥林匹克理想而进行的各类教育会议；希腊中学生、大学生奥林匹克夏令营。

逐渐增多的活动项目使国际奥林匹克学院真正成为了全世界奥林匹克运动的研究和教育中心。

奥林匹克学院初创时期，研究内容仅限于古今奥运会的历史、现代体育的教育价值和奥林匹克主义的概念等方面。随着奥林匹克运动的发展，需要解决的理论问题日益增多。因此，在学院举行的各种会议上讨论的主题也日益丰富。涉及奥林匹克哲学、奥林匹克运动与政治、奥林匹克与社会经济、奥委会历史、现代体育对人类的贡献、体育组织的作用、运动员的地位、运动项目的演进、训练方法的改革、运动生理、运动医学、大众传播媒介、体育暴力、商业化、职业化、兴奋剂、公平竞争、妇女体育和大众体育等诸多方面。授课讲师大部分由世界各地的著名学者担任，学生

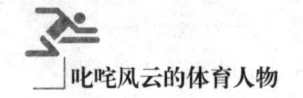

还要在教师的引导下就以上问题进行深入的讨论。

从建院至1967年，参与奥林匹克学院活动的人员全部居住在帐篷里。而如今，展现在人们面前的则是一座设施齐全的研究机构。这里有藏书万册的图书馆，有容纳500人并配有现代化设备的演讲厅，有明亮的阅览室、宽阔的运动场、漂亮的游泳池，还有可供250人居住的宿舍及银行、邮局等各种配套服务设施。这里是一处远离尘世喧嚣的圣地，它为精心研究奥林匹克运动的学者提供了最好的条件。

奥林匹克运动发展成当今世界上规模最大的社会文化活动，仅靠国际奥林匹克学院无法完成在全世界普及奥林匹克教育的重任。因此，从70年代中期开始，许多国家建立了自己的奥林匹克学院。至1995年，世界上已有72个国家奥林匹克学院（National Olympic Academies）。这些分布在世界各地的国家奥林匹克学院与坐落在希腊奥林匹亚的国际奥林匹克学院组成了一个研究奥林匹克理论、普及奥林匹克教育的网络体系。

横杆上的"巴拉斯时代"

女子跳高早期好成绩多是美国选手创造。1905年美国选手弗雷曼跳过1.245米，这是世界上女子田径史最早的跳高纪录。在阿姆斯特丹奥运会上，加拿大选手凯瑟伍以1.59米获冠军。以后我们按编年回顾一下就可以发现，女子跳高的世界纪录几乎一厘米一厘米在提高。直到1956年，年仅19岁的罗马尼亚运动员巴拉斯一下跳出1.75米。从此开始了大幅度提高跳高成绩的"巴拉斯时代"。

50年代末，蜚声世界田坛的一位跳得最高的姑娘，人称"长腿姑娘"，她就是罗马尼亚的功勋运动员、奥运会冠军约兰达·巴拉斯。由于她一年里三创世界纪录而轰动世界，并在世界田坛史册上刻下了光辉的一页，铭记下1.88米、1.90米和1.91米的高度。她成了世界跳高史册上第一个越过1.90米的姑娘。

巴拉斯是一位身材修长的姑娘，有一头金黄色的头发，高高的鼻梁，一双炯炯有神的眼睛，创纪录时身高1.91米，体重较轻，长着两条长长的腿，乍一看去仿佛踩高跷的人。别看她的个子高、腿长，但跑、跳仍很协调自如，在这位姑娘的身上可以看出具有优秀跳高运动员的才能。13岁时她就飞身跳过1.51米的高度，因而被罗马尼亚田径队看中，吸收他为国家田径队队员。1950年当她15岁时，第一次随队出国到莫斯科参加苏、罗对抗赛。在这次比赛中，由于她首次出征，置身于大型的国与国的对抗赛，不可避免地在心理上有些紧张，再加上没经验，所以成绩不够理想，只跳过1.45米。对此巴拉斯内心确实很羞愧，但她并不灰心，相反，羞愧的心

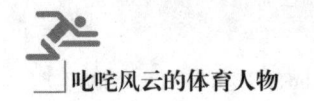

情变成了激励自己的力量。回国后，她不分朝夕地苦练起来。

1955年她立志向世界纪录冲击。有了远大的目标就能产生巨大的力量和推动力，当年她跳过1.70米，距世界纪录只差0.04米。于是她信心倍增，干劲更大了。到了1956年夏天，她终于跳过了1.75米，第一次打破了世界纪录，成为当时跳得最高的姑娘。但是冠军的宝座总是要被后来者所攻破，世界纪录总是要提高的。1957年11月间，中国优秀跳高运动员郑凤荣以1.77米创造了新纪录。消息传到布加勒斯特，巴拉斯非常高兴地称赞郑凤荣，并暗下决心要和郑凤荣来个竞赛。她和自己的教练赛杰尔商议并定下指标，又采取了具体措施，并从根本上改变了只重视技术、轻身体训练的指导思想，从那时起，他们把不断提高一般和专门的身体训练水平作为训练的基础，大抓全面身体训练，大幅度地减少了技术训练。针对自己身体条件还比较优越，但体力较差的具体情况，她决定整个冬训锻炼身体提高体力，并加大了运动量和强度，其中运动量加大了好几倍。

经过一个冬天的训练，她的体力大大的增强了。罗马尼亚漫长的冬天刚过，天气初暖时，6月间她就以1.78米的成绩打破了郑凤荣的世界纪录。7月她又跳过了1.83米。1959年3月18日，在列宁格勒室内比赛时，她轻松地跳过了1.86米。

1961年，这一年中她就四次刷新世界纪录。她在4月跳过1.87米，6月跳过1.88米，7月8日在布达佩斯，巴拉斯成为世界第1个女子征服1.90米的人，7月16日，她又跳出最后一个纪录1.91米。她的成就震撼了世界田坛，专家们都认定这是一个巴拉斯时代。这在世界体育史上写下了光辉的一页。

巴拉斯能够创造世界纪录，而且不断刷新自己的纪录，这除去她的身体条件好、有苦练精神外，在技术方面也有较高的造诣。她敢于征服任何高度，比赛时没有怀疑和害怕的心理，助跑速度快，跳、蹬非常有力，过竿时灵活自如，每个动作都做得干净利落。巴拉斯非常喜欢比赛，不仅常参加国际比赛、中小型对抗赛，同时还常为学生表演。她总是乐意接受邀请，不辞劳苦地表演、示范。这种高尚的精神为巴拉斯积累了丰富的经验，从而使她能在最困难的条件下获得优异成绩。如在莫斯科同美国运动员进行对抗赛时，就是在雨里最后一次试跳时，成功的创造了世界纪录。

巴拉斯1958年曾来我国访问，给我国田径界留下深刻的印象。她那种认真进行表演、比赛的态度及热情的传授技艺的精神，永远值得我们学习。

世界泳坛第一人

1992年巴塞罗那奥运会，称霸世界泳坛多年的美国队遭遇了意想不到的挫折，尤其是男子50米自由泳这个被美国人"统治"了至少6年的领地，居然被一位俄罗斯选手突破。他就是亚历山大·弗拉基米罗维奇·波波夫。

波波夫原来是练仰泳的，搞自由泳是"半路出家"。他的成功应当说是教练、机遇及刻苦努力的结果。

1971年11月16日，波波夫出生于原俄罗斯的斯维尔德罗夫斯克市。他从小喜欢游泳，8岁起开始接受正规训练，17岁时夺得了全国青年锦标赛的冠军，16岁时进入国家队。

波波夫的仰泳成绩一直不好，他100米仰泳最好排名是1990年底的世界第15位。1990年秋，波波夫遇到了在国家队执教多年的根纳基·托雷斯基。他的命运得到改变。托雷斯基慧眼识金，是他把波波夫改造成了世界闻名的自由泳名将，成为迄今为止世界上最受欢迎的游泳选手之一。

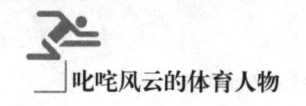

托雷斯基为波波夫设计出了一种行程长、动作连贯、协调的划水动作。这一招看来非常见效。在掌握了这种姿势之后，波波夫已经可以做到在最后50米后来居上。

在转到托雷斯基麾下后的第二年，波波夫就在1991年的欧洲锦标赛上夺得了100米自由泳的金牌，成绩为49秒18。他还夺得了4×100米和4×200米自由泳接力的金牌。新闻媒介称："世界泳坛爆出了一位天才的自由泳选手。"

但是，要在稍纵即逝的50米自由泳项目上出人头地就比较费劲了。波波夫未能进入50米的决赛。这一年他排在世界第14位。

于是，波波夫拜队友、汉城奥运会的第3名根·普里戈达为师，特别是请教如何掌握出发的时机。到了巴塞罗那奥运会，波波夫已今非昔比，他已经有傲视群雄的实力。

100米自由泳的决赛，他那优雅、有力的划水动作使他以49秒02的当年世界最好成绩夺得了金牌。

50米自由泳决赛，他更以8％秒的优势击败比昂迪，以21秒91的成绩登上了领奖台的最高处。这一年，他60米和100米的成绩均列世界第一。从此，波波夫成了"世界上游得最快的人"。波波夫的崛起是在前俄罗斯发生剧变的情况下发生的。对于俄罗斯运动员来说，最大的问题在于尽快适应从原来的计划经济彻底转入市场经济的这个翻天覆地的变化。由于卢布贬值、通货膨胀加剧，导致飞机票涨价、食品短缺，直接影响了运动员的训练和生活。

从1991年12月到1992年5月近6个月内，波波夫马不停蹄地参加了7次国际比赛。密度这么大，除了"以赛代练"之外，唯一可以解释的原因就是一个"钱"字，他要用挣来的钱支付教练的薪金等费用。

训练条件很不理想。因为缺钱，没钱租用其他器材，他们常常只搞水上训练。但是，这样一个彻底的变化，特别由于一切都得自己掏钱，他们必须"玩命"去干。波波夫说："我们是在非常艰苦的条件下进行奥运会的赛前训练的。但是，这样的条件对我们并没有多大影响。相反，它激发了我们更大的进取心。"

他把俄罗斯队在巴塞罗那奥运会上的胜利归功于改革开放。他说，"它帮了大忙。"他甚至开玩笑地说，"如果美国队想得更多的奖牌，我建议他们到俄罗斯来训练。"

比昂迪也对俄罗斯队的做法表示赞赏。他说："这都是逼出来的。他们失去了原来熟悉的舒适的条件，没有别的办法，必须努力去做他们从来没有做过的事情。"他说，俄罗斯游泳队是在巴塞罗那奥运会上最成功的运动队。

奥运会之后，波波夫也得像汉城奥运会后的比昂迪和贾格尔那样去谋生了。好在由于俄罗斯奥委会给他发了1万美元的资金。这是他谋求发展的一个起点。

可是，这在现在的俄罗斯却不行。尽管波波夫有一张电影明星式的颇具吸引力的面孔，他不能把奥运金牌变成卢布或者美元。因为俄罗斯经济不景气，而且那里历来没有体育明星"下海"的传统。

于是，在休了一个长假之后，1993年1月，在英国参加欧洲短距离锦标赛时，波波夫和原英国《游泳》的编辑凯朱巴签了代理合约，并通过朱巴，找到了英国的一家企业为自己提供赞助。这一年，波波夫光是企业赞助和前半个赛季在欧美参赛就收入了8到12万美元。

由于在奥运会后托雷斯基和澳大利亚体育学院签订了为期4年的合约，到该院担任主教练，于是，1993年波波夫在澳大利亚和夏威夷训练倒少了3个月，而在俄罗斯大概才呆了12天。

这年5月，在法国的一次比赛当中，波波夫100米自由泳游出了48秒

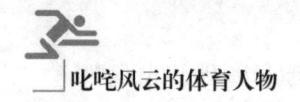

93的欧洲纪录，这使他成为世界第二个百米成绩突破49秒大关的运动员。当年又在欧洲锦标赛上，夺得50米和100米自由泳的冠军。成绩来自不懈的努力，艰苦的经历，反而使波波夫更有奔头。

1994年是波波夫取得辉煌成就的一年。首先，从香港到德国盖尔森基兴，他在世界杯短池系列赛上接连4次打破100米自由泳的短池世界纪录。最后他以积分110分的成绩，夺得当年的世界杯纪录赛的总冠军，表现了惊人的实力。7月，在第三届友好运动会上又夺得50米、100米自由泳和4×100米混合泳接力共3枚金牌。9月，在罗马世界锦标赛上，波波夫再度辉煌，他夺得了两枚金牌两枚银牌。100米自由泳决赛，前50米游在第一的是美国的新秀小加霍尔，波波夫落后0.12秒。但是50米转身之后，波波夫就像突然开动了加力器，稳步加速，最后以49秒12夺重金。

跳水王子

洛加尼斯跳水时，在空中那几秒钟的姿态，是那样的流畅平衡和完美无瑕，有时候漂浮得就像脱离了地心吸力似的。他使人联想到伟大的舞蹈家。他的许多对手称赞他的动作十分轻巧，简直"像只猫"。他父亲一面看着他直体向前跳水的图片，一面自言自语地说："我看他像一只飞鸟。"

有人问洛加尼斯，他最喜欢别人把他比作什么？尚未完全摆脱稚气的洛加尼斯，想了一会儿以后回答说："像一头豹。我的一位舞蹈老师曾经把我叫作豹。"

洛加尼斯具有惊人的身体条件。有跳水运动员的理想体型：身高近1.80米，体重68公斤，恰好符合裁判员们在审美方面的要求。他的老对手麦克·费奈朗说："洛加尼斯的体型很好。他有漂亮的脚趾、脚、腿和腰背，灵活的肩和挺直的躯体。别的跳水运动员只拥有这些素质的一部分，而他却全有。"

这位人称"跳水王""空中英雄""跳水王子"的洛加尼斯，把跳水运动升华为一种艺术，以他那充满美感的淋漓尽致的表演，囊括了洛杉矶奥运会和汉城奥运会男子跳水项目的4枚金牌，获得了5次世界杯和世界锦标赛冠军，6次在泛美运动会上折桂，43次在国内比赛夺魁，达到了前无古人的高峰。

他没有父母。不，应该说是他的父母抛弃了他。1960年的一天清晨，一个未成年的英格兰女孩，悄悄地把她那尚在襁褓中的私生子送到了圣地亚哥的孤儿院。9个月后，一个叫彼得·洛加尼斯的渔夫收养了这个私生子，给他起了个名字：格里格·洛加尼斯。

彼得是一个希腊移民，他在1952年随父母远渡重洋来到美国。他到美国不久，便结识了弗朗西斯，一个健壮的苏格兰裔农家姑娘。一年之后，他们顺理成章地喜结良缘。但遗憾的是弗朗西斯不能生育，盼子心切的彼得便收养了一个欧亚混血儿德斯皮纳。第二年，又收养了格里格。

格里格是一只不起眼的丑小鸭。在他成名之后，他的养母弗朗西斯回忆说："60年代初期，人们都喜欢收养金发碧眼的娃娃。"而格里格是萨摩亚和英格兰的混血儿，褐色的皮肤决定了他不会受人们的青睐。庆幸的是，他有一对善良的养父母，他们不因他的肤色、他的血统而歧视他。

弗朗西斯酷爱表演艺术，常常为自己没有机会和能力从事艺术事业而遗憾。当她成了母亲，便把自己的满腔希望倾注到了两个孩子身上。格里格一岁半的时候就开始和哥哥一起学习跳踢踏舞。3岁时，他表演的《与我同舞》受到地方电视台的赞赏，专门为他录制了一套节目。这是他最开心的日子，妈妈给他穿上了特制的黑色小夜礼服，胸前还佩上一支淡红色

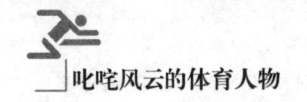

的石竹花。满身稚气的格里格边跳边尖声尖气地唱着"大家跟我一起跳"。

他生性腼腆，再加上气喘病引起的口吃，使他一读书就紧张，一紧张就错误百出，所以他总是同学们耻笑的对象，就连老师也认为他是一个无可造就的蠢笨孩子。上学对格里格来说，无异于受刑罚。

也许按照上帝的公平原则，有所失必有所得。孤独使他能把全部精力投入到舞蹈训练上去。气喘病的发作，使他常常中断正常的学习和训练，在尝试了各种药物治疗之后，医生建议让他参加体操训练。医生认为，高强度的体操训练能增强他的肺活量，从而气喘病自动痊愈。体操和舞蹈是相通的，格里格一练就上了瘾。有一次他在家里的游泳池跳板上做起体操动作，恰巧被妈妈发现了。弗朗西斯紧张地盯着儿子在一尺宽的木板上做空翻和手倒立，害怕他一失手摔下水去。当洛加尼斯满不在乎地跳进水里后，她立即把他叫上岸来，宣布在没有学会跳水之前，绝不允许再这样做。

洛加尼斯被送到离埃尔长洪不远的娱乐中心学习跳水，他的教练是约翰·安德斯中尉。安德斯把军队中训练新兵的那一套应用在教孩子跳水上。他要求严格，一丝不苟，这一切都为洛加尼斯以后的腾飞打下了坚实的基础。

1971年在科罗拉多·斯普林斯举行了美国业余体联少年运动会。洛加尼斯第一次参加了比赛就获得了跳水比赛的满分，这使他欣喜若狂，要知道，这时他还不满11岁，训练不足两年。

洛加尼斯不知道，观看比赛的人群中有一位真正的伯乐。1948年和1952年奥运会跳水比赛冠军萨米·李。李博士回忆当年第一次看到洛加尼斯跳水的情况时说："当我第一次看他跳水时，我就对自己说：'天哪！我从未见过如此伟大的天才！'"正是鉴于对洛加尼斯如此良好的印象，所以4年后洛加尼斯的父亲彼得请求李博士收下这位学生时，这位61岁的老人毫不犹豫地答应了，并免收学费。但他也提出了先决条件：洛加尼斯必须戒烟、戒酒，并经常为李博士打扫游泳池。洛加尼斯兴奋地满口答应，他预感到这位鬓发苍白的老头会给他带来好运气的。

中国有句老话："名师出高徒。"这话用在李博士和洛加尼斯身上最恰当不过了。洛加尼斯在李博士精心点拨下，技艺大进。夏去秋来，洛加尼斯信心百倍地参加了1976年美国奥林匹克运动队选拔赛。果然，他这半年的汗水没有白流，轻而易举地夺得跳台和跳板两项冠军。但他毕竟还是太年轻了，夺得美国冠军就以为夺奥运会冠军如同囊中取物般容易了。

洛加尼斯踌躇满志地来到加拿大蒙特利尔，准备再拿它一两个奥运会金牌，再次证明自己的实力。他的老师萨米·李博士的内心比洛加尼斯更急切地盼望着他能夺魁，从而证明冠军老师也能教出冠军学生。不料赛场风波骤起，因为李博士不是官方委派的教练，在比赛时不得到池边进行指导。洛加尼斯孤独无助地在池边徘徊，焦虑之情难于言表，最后几经交涉，李博士破例被允许进入赛场，但洛加尼斯的斗志却被这意外事件赶跑了。他紧张万分地盯着对手，盯着比分牌。虽然按实力他有机会问鼎，但紧张情绪使他功亏一篑，在跳台跳水的第九轮比赛中动作失误，冠军被意大利的克劳斯·迪巴斯夺得。萨米·李博士坐在跳台下捶腿叹气，后悔在往日的训练中只注重了技术而忽视了心理，没有把勇于拼搏的精神传授给他。跳台好歹还得了块银牌，跳板更惨，只落了个第6名。

洛加尼斯失去了往日的自信与从容，他发现自己在世界跳坛上，并不是唯一的、最强的。而上帝偏偏又捉弄他，仿佛要看看这个"天才"的少年运动员是否经受住打击。在第二年的国际锦标赛上，恶运又一次降临，跳台一下子跌到了第15名，使他感到不失面子的是这次跳板又得了第二。

日益衰老的萨米·李博士觉得自己到了该休息时候了。他和俄亥俄州的著名教练朗·欧布里安联系，建议由他继续训练洛加尼斯。欧布里安在

叱咤风云的体育人物

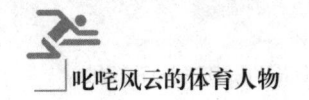

1976年曾经指导过洛加尼斯，那是15岁的洛加尼斯参加夏令营的训练，而欧布里安则是夏令营的教练。当时他就对洛加尼斯留下很深刻的印象，认为这是一名大有潜力的运动员，只要稍加雕琢，必定能成大器。所以欧布里安很迅速，甚至是愉快地接受了萨米·李的建议。

1978年对洛加尼斯来说是非常幸运的。在新教练指导下，他赢得一枚国际比赛金牌和4次国内比赛冠军。更重要的是他获得了迈阿密大学提供的奖学金。使他非常兴奋的是这所大学开设的课有他非常喜欢的戏剧课程。

有一次他喝得醉醺醺地去训练，摇摇晃晃地爬上跳台却站不住了，一下子趴在跳台上吐了个一塌糊涂，然后席地而卧。当他残存的意识告诉他教练上来了，他才费劲地睁开眼，望着教练铁青的脸说："改、改日再练吧！"

1980年，美国抵制了莫斯科奥运会。洛加尼斯为这次奥运会所做的准备全都成了"无用功"。再加上他在俄罗斯的第比利斯苏美跳水对抗赛上，因做屈体反身跳时负伤，头碰在跳台边上，入水时又被水拍了一下，昏迷了15分钟。这一切都使他感到不快。懊丧之余，他决定退学，全心全意地从事跳水训练。他联系了一家餐馆，利用业余时间为人家当侍者，开始了"半工半练"的生活。直到1981年元月，加利福尼亚大学欧文分院给他提供了一笔优厚的奖学金，他才复学陆续攻读心爱的戏剧专业。

1983年是洛加尼斯生活的转折点。这一年他彻底戒了烟，戒了毒。事情的起因很简单，在一次训练之后，他又溜到停车场美美地猛抽一口。天天如此，他已经养成了习惯。但今天不同的是，在他喷出的青烟中，他看到一个12岁的小队员站在他身旁也叼着一支香烟。洛加尼斯大吃一惊："你怎么也抽烟？"那小队员自豪地说："我要像你一样，抽烟喝酒，做一名大运动员。"洛加尼斯无言以对，默默地把嘴里的烟取下来揉碎了。看来自己抽烟喝酒不仅仅是个人的事啊，必须戒烟戒酒戒毒，给孩子们和崇拜者做一个好的榜样。他彻底下了决心。

也许是戒烟戒酒的心理作用，在这以后的比赛中他的头脑特别清醒，技术发挥得也更加完美。他接连摘取了世界杯和泛美锦标赛两枚金牌。更使他喜悦的是他获得了加利福尼亚大学颁发的戏剧学学士学位。

洛加尼斯终于从低谷中走了出来，做好了向顶峰攀登的准备。

萨摩尼亚人的天赋、芭蕾舞的业余爱好、戏剧表演的专业训练，使得洛加尼斯能最大限度地发挥自己的水平。他的动作刚柔相济。腾空高，团身紧，滞空时间长，给人一种优美的艺术享受，甚至他那略显罗圈的双腿也成了他得天独厚的"优势"——他起跳后可以从双腿之间的缝隙看到水面，从而准确地掌握入水角度。

这一切使他以巨大的优势轻松地摘取了洛杉矶奥运会的两枚跳水金牌，成为奥运跳水史上第一位同时获得两项冠军的选手，并且盘踞了世界男子跳水之王的宝座。

洛杉矶之后，洛加尼斯功成名就，荣获了美国专门奖励杰出运动员的"杰西·欧文斯奖"，名字也列入了奥林匹克名人馆。美国泳坛协会还聘请他为加利福尼亚青少年跳水学校的终身教练"。于是他便想急流勇退，全部身心投入到他喜爱的表演艺术之中。但美国泳坛协会和他所在的佛罗里达州卡拉顿俱乐部怎么会让这位才华横溢的选手轻言离去？他们竭力挽留他，答应为他提供所需的全部费用。洛加尼斯只得改变初衷，继续从事跳水运动。尽管如此，他还是忙里偷闲，在几部电影中客串了一些小角色，稍稍过一下表演艺术的瘾。

1988年8月22日，美国泳坛协会举行了汉城奥运会跳水选拔赛，洛加尼斯以1440.60的总分高居榜首，第四次入选美国奥林匹克队（包括美国抵制的莫斯科奥运会）。行前他信心十足地对记者说，自己能在本届奥运会上超过所有对手，成为奥林匹克史上第一个连续两届获两块金牌的男子跳水运动员。

这次幸运之神和他开了个小小的玩笑，使他大吃一惊。在汉城奥运会上，洛加尼斯和中国名将谭良德相遇。谭良德在1988年曾两次战胜洛加尼斯，这次更是铆足了劲要把这位"跳水皇帝"拉下马。比赛进行得紧张激烈，比分一直咬得很紧，观众们看得是喘不过气来。洛加尼斯求胜心切，拿出了绝招想以高难动作取胜，不料起跳角度未算精确，反身转体时后脑撞到了跳板上，顿时手脚大乱，晕头转向地掉进池内，溅得水花飞扬。两个裁判给了他零分，使他狼狈不堪。

自洛加尼斯从事跳水运动，这已经是第三次重大失误并受伤。第一次是1980年在俄罗斯对抗赛上头碰跳台；第二次是1986年美国麦克唐纳国际跳水邀请赛上脚碰跳台，坠入水中。但每一次失误之后他都又重新站在了高高的跳台上。这一次仍是如此。在观众们认为谭良德胜券在握时，洛加尼斯悄悄地跑到医院缝了五针，扎着绷带又重新站在了跳台上。也许是洛加尼斯的顽强精神感动了裁判，他最终以730.80分保住了跳水金牌。

在9月27日进行的跳台跳水决赛，洛加尼斯再一次吉星高照，以638.61分的成绩夺魁，比获得亚军的中国小将熊倪仅仅多了1.14分。尽管有人说洛加尼斯之所以获胜是因为裁判给了同情分，但无可否认的是洛加尼斯这种带伤参战的顽强拼搏精神的确让人钦佩。

跳水与其说是一项体育运动，不如说它是艺术表演：舒缓的节奏、优美的体形、高难度的旋转，带给人的是感观上的愉悦，艺术上的享受，但遗憾的是它不赚钱。网坛神童贝尔，足球皇帝马拉多纳，一场胜利赚二三十万美金是常事，可跳水不行。跳水在美国是"纯"业余的体育活动，没人能靠它糊口，即便是大名鼎鼎的洛加尼斯也不成。这也是他屡屡要求退役的原因之一。据他自己讲，赚钱最多的一次是在迈阿密举行的跳水表演，组织者给了他2万元的出场费。

洛加尼斯宣布退役的消息一传出，各种各样的公司、制片厂纷纷找他签约，要利用他的名气大赚一笔。洛加尼斯经过慎重考虑，决定应TBS广播公司的邀请，担任1990年友好运动会节目主持人。他主持的节目叫作"胜利者"。他还在4家大公司联合播出的电视节目中每天播讲半小时。让我们祝福这位活跃在电视荧屏上的"跳水王子"成为一名真正的"胜利者"。退役之后，他最初在一些地方剧院演出。在《男朋友》《仙履奇缘》等剧目中当过主角。然而在演出《杰弗里》之前，他承认自己的演艺事业相当失败，在好一段日子里，他甚至没有演出机会。然而，他成功了。"那时候我很气馁，差点便掷出白手巾宣告投降。"他说。

《杰弗里》这出喜剧，以嬉笑怒骂的形式，刻画出同性恋者在艾滋病肆虐年代的心态，上演以来很受欢迎。而一向支持艾滋病患者的洛加尼斯，在剧中正好饰演一位艾滋病人。他很喜欢这个角色："他身处逆境，但尽一切努力积极面对现实，这跟我的人生历程不谋而合。"但是胜利并未冲昏他的头脑："我知道我还有许多功课要做。当年我在跳水方面有所成就，也不是朝夕工夫可以得来的。"

短跑赛场黑珍珠

公元1988年，在汉城举办了第26届奥林匹克运动会，在田径的赛场上，最让人刺激，最有竞争性的项目是短跑决赛。此时，在跑道上将要进行的是女子百米决赛，在8名参赛的运动员中有一位身穿紧身单腿裤，长发披肩，留着精心修饰的长指甲并涂成各种不同颜色而风靡国际体坛，享

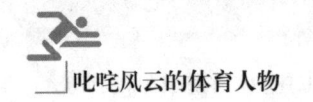

有"花蝴蝶"雅号的女郎,她就是弗·格里菲斯·乔伊娜——世界头号"女飞人"。

乔伊娜,1959年12月21日出生在洛杉矶南部一个有着11个孩子的家庭中。父亲是一名电气技师,母亲是位教师,1978年她毕业于洛杉矶乔丹高中,后在银行当职员,并在田径教练鲍勃·克西手下练田径,教练发现她的短跑才能,推荐她在洛杉矶大学学习,同时进行短跑训练。1983年她获得了心理学学位,同年便赢得了全美大学生200米冠军,并代表美国参加了1984年的奥运会。当年还是窈窕淑女,杨柳细腰的乔伊娜也只夺得了200米银牌,和当年的"女飞人"阿什福德相比不过是二流角色。但她没有消沉,而是刻苦训练,争取在奥运会中拿更多的金牌。

四年后,在汉城奥运会上,约翰逊因服用兴奋剂跌下地狱的同时,人们对神殿上的"花蝴蝶"也开始重新审视。人们首先注意的是她那健壮如男人的肌肉,那爆进出的丝丝缕缕的肌肉纤维像人体解剖学的图谱,那健壮的肌肉群令世界女子健美冠军所嫉妒。

但男性化的肌肉丝毫没有遮掩乔伊娜女性的婉约和秀媚,她瀑布般飘飞的黑发,修饰成人间一绝的6英寸长的指甲,以及她清丽迷人的笑脸,将她的美丽和诗意编织在一起。她在新闻发布会的一声"HELLO",伴随那沉鱼落雁般灿烂的微笑,使所有记者都像蜡烛般地融化。还是这位28岁的乔伊娜用灿烂的笑容和令世人震惊的速度在绛红色的跑道上为人类留下了不可思议的数字,创造了女子100米10秒49和200米21秒34的世界纪录,并与队友获得了4×100米接力的金牌和4×400米接力的银牌,实现了她的美好愿望。

乔伊娜的成功,与她美满幸福的家庭分不开的,1987年10月10日她与奥运会男子三级跳远冠军厄尔·乔伊娜走进了结婚殿堂。厄尔·乔伊娜曾这样说过:"我的妻子是世上最漂亮、最明媚、最可爱的鲜花,她充满爱心。"同时，在1987年，乔伊娜决心埋头苦练，她的丈夫牺牲自己，承担了她的教练职责。每天早上，她和丈夫跑4英里；白天她常在健身房中练腿部力量；晚上，她一气做1000个仰卧起坐；睡觉前，厄尔要为她进行60分钟的按摩。发奋刻苦的乔伊娜苦练一载后终于脱颖而出，在奥运大赛上一下将百米速度缩短了0.42秒，将200米速度提高了0.62秒。且不说她速度飞快，单仅她的力量更提高的惊人。这位高1.74米、体重55公斤的女郎可以全蹲托起150公斤重的杠铃，能将35公斤的重负绑在脚腕上，向后弯曲多次。正像她自己说的那样："任何东西也无法代替刻苦训练。我这一年的训练量和强度比以往任何年头大3至4倍。这就是我的成功秘诀。"

乔伊娜在汉城奥运会上赢得3枚金牌后，1989年2月，格里菲斯·乔伊娜便激流勇退，给世人留了一道化解不开的"花蝴蝶猜想"。她当年留给世界的色彩过于灿烂。人们依然记得她自己设计的极为性感的比基尼单腿赛服、涂成红白蓝美国国旗色的半尺长的指甲、瀑布翻飞的秀发，以及魅力四射的笑容。

退役后的乔伊娜，曾担任美国"总统理事会健身部"主席，她还当过时装模特和时装设计师，经常给少年儿童举办体育讲座，出版了自己的专集和著作，拍过电视剧和电影，当过美容师，她是位多才多艺的人。她曾一度不顾丈夫的阻挠，开始练马拉松，试图参加亚特兰大奥运会的马拉松赛，但由于疾病和多年的跟腱老伤，使她的目标没能实现，乔伊娜退役后骤然间谣传四起，曾有传言说这位肌肉发达的姑娘服用了兴奋剂，但药检证明了她的清白。

美国华盛顿时间，1998年9月21日，当晨曦照亮乔伊娜的卧室后，她的丈夫厄尔同往常一样习惯地招呼妻子起床，但他发现妻子在床上已经没有知觉和呼吸，厄尔急忙给急救中心打电话，医生到达后确认格·乔伊娜已经死亡。这使她的丈夫也感到悲痛和惊讶，乔伊娜是在睡梦中安详地逝

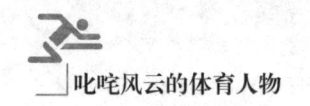

去，她的脸上没有任何痛苦表情，没有供血不足的扭曲和变形，厄尔回忆说："格·乔伊娜死亡的前一天，说她有些疲倦，想早些睡觉，除此之外，她没有任何得病或不舒服的征兆。此前，她曾出席了一次体操会议，之后去看望她母亲。"格·乔伊娜是美国体育与健美委员会的主席，她身体健美，精力充沛，曾为健康用品做过广告，这位驰如流星，退如流星，去如流星的"花蝴蝶"因癫痫病突发在她的寓所飞完了一生，年仅38岁。

格·乔伊娜的猝别在国际田坛引起的震动不亚于戴妃撒手人寰，不同的是后者用爱心赢得敬重，而前者则以匪夷所思的天才和魅力征服观众。

体育史上的传奇已经太多太多，但"花蝴蝶"创造的史话却使有幸目睹的亿万观众如醉如狂。格·乔伊娜用才华和魅力编织出的两项女子短跑世界纪录，被世人奉上神坛，令所有后来者只能谈及金牌，莫敢觊觎纪录。10秒49的世界纪录很可能像牛顿定律般坚不可摧，既经问世，经典余年。

乔伊娜这位旷世奇女的过世让国际田坛震惊。为悼念这位英年早逝的短跑名将，21日美国奥委会在科罗拉多·斯普林斯的总部大楼前，美国国旗和奥委会会旗均降半旗致哀。

当政的美国总统克林顿获悉后，在哀悼声明中说："我们失去了一位伟大的运动员，她的速度使我们震惊，她的才能使我们惭愧，她的风度最吸引人，虽然她登上了体育的顶峰，但仍念念不忘自己的根本，她一直为帮助孩子们——尤其那些生活在穷困国家的儿童，为使他们发挥才能而投入许多精力和财力。"

国际田联主席内比奥罗称赞乔伊娜是一位杰出的运动员。"我将永远不会忘记这位10年前在奥运会上以她惊人的速度和特殊的外貌让世界瞠目。令人伤感的是，她的生命如同她短跑一样匆匆地结束了，整个世界田径大家庭将分担失去亲人的痛苦。"

美国奥委会主席海尔说："奥林匹克家庭对她的去世感到惋惜和吃惊，

她在体育界给女孩子和年轻妇女树立了榜样,她是值得孩子们学习的,人民将会怀念她。"

乔伊娜虽然离去,但她那10秒49的世界百米纪录很可能难以被刷新。

牙买加"女飞人"

奥蒂,1960年5月出生在牙买加,这个只有200万人口的加勒比海岛国,却出现了不少世界级田径高手。奥蒂从小喜好体育,15岁成为学校的田径队员,18岁代表牙买加参加国际比赛,19岁时跻身世界田径明星之列。

35岁的奥蒂,在塔当跑道上跑了整整15年个年头。可是,命运对她却极为苛刻。她参加四届奥运会,四届世界田径锦标赛,只拿过一次200米冠军,其余都是银牌和铜牌,且大多是铜牌。人称她永远只是伴娘,难做新娘。

一次次失败,却又一次次重新出现在跑道上,一直到青春如水长逝,一直到别的女人都做了妈妈,一直到她35岁。

这样的女人,实在值得敬重,值得为她祝福。100米,奥蒂输给了美国的托伦斯,只拿到银牌。

200米,奥蒂又输给了美国的托伦斯,又只拿到银牌。莫非35岁的女人,机会再不会如夏日盛开的鲜花,一朵开放过后紧接不断再开放下去了。她自己说过:"世界田径锦标赛对于一个35岁的女选手来说,是一次挑战!"

然而,体育就是这样残酷,小数点后面零点零几秒,就可以无可争辩地宣告你15年的努力统统功亏一篑!在铁面无私的运动场上,人们只认成

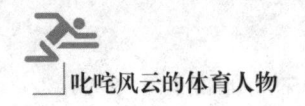

绩，决不垂青失败者。

在一个以经济为轴心的社会，尤其是从贫穷中走来的转型社会中，一些人是以市侩的价值标准来衡量一切的。金钱吞噬着我们。即使真有如此巨大财富支撑着，也未见得所有35岁的女人，还能如奥蒂一样坚持跑在塔当跑道上。因为这毕竟要付出日复一日的艰苦训练，要付出汗水和心血以及可能面临最终失败的命运，而不是在舞场歌厅酒吧或席梦思软床之上。

35岁的女人，一生是一道关键的赌注，无论输赢，敢于还站在跑道上奋力一搏，就足以令人钦佩。

应该说，命运待奥蒂不薄，或者说命运有意要成全奥蒂。听说托伦斯因跑弯道时踩线而被取消冠军资格，200米金牌落入奥蒂之手时，都为奥蒂由衷地高兴。看来，算老天有眼、时序有心，这枚金牌本来就应该属于奥蒂。

熬到35岁，奥蒂实属不易，却也无怨无悔。机遇，也许有时会讨好于一些年轻而又春风得意的女人，她们或早当上新娘，或新娘的婚纱频频披挂更新不断。但对奥蒂，命运不是这样的，她却从20岁起15年如一日锲而不舍，一直坚持到35岁，对于一个女人而言已是日过中天的年龄，依然不放弃自己的追求。由此，格外值得敬重。

小时候的奥蒂，没有钱买鞋穿，光着脚丫在沙滩上跑步。她跑得飞快，任一帮小男孩在后面怎么追，也追不上她。她总是在前面跑着，后面有人在追……那情景，像电影里的慢镜头。

奥蒂自童年起就燃烧着一个梦。能把这个梦一直保存到35岁的女人，是顽强的，也是幸福的。

如今的奥蒂，再不会没鞋穿。

如今的女人，并不是所有在35岁的时候，还能迎风站立在棕红色的塔当跑道上。

在东京第3届世界田径锦标赛中,德国姑娘克拉贝以极出色的起跑使奥蒂在100米、200米跑中受挫。在这种极不利的情况下,奥蒂参加4×100米接力赛,她跑第四棒,在最后冲刺时,连超两人,为牙买加队夺得金牌立下汗马功劳。

东京田径大赛后,一些世界明星移师欧洲,在科隆及布鲁塞尔参加田径大奖赛。在东京失意的奥蒂又恢复到她无敌的状态,连夺100米、200米跑金牌,并跑出200米21秒64的个人最好成绩。

从1989年起,世界田坛刮起了"奥蒂旋风",但这位女选手仍保持冷静态度。她说:"我暂对打破格里菲斯·乔伊娜的100米纪录(10秒49)不抱太大奢望,但可能有一天会把时间降至10秒6,破200米的世界纪录还是有希望的。"

"飞行的家庭主妇"

布兰科尔斯·科恩,昵称范尼,从小酷爱体育运动,在进入专门为女孩准备的家政学校之前,家人发现了她的运动天赋。在父亲的鼓励下,她14岁就开始了田径运动生涯。1936年,她在柏林奥运会上初试身手。随后二战爆发,两届奥运会停办,这使她在运动黄金期无缘与世界强手争雄。1940年她与教练布拉克尔斯结婚,育有一对儿女。但相夫教子并没有动摇她坚持训练的信念,她一直驰骋在田径场上为奥运金牌备战,运动水平也稳步上升。

1948年,当她有幸踏上伦敦奥运之旅时,距柏林奥运会已过去12年,整整一代运动员的黄金期已逝,与她同时代的许多优秀选手大部分都已离

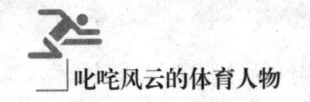

开了赛场。范尼与比她小10岁以上的运动员飞奔在同一起条跑线上，她夺得了参赛的全部4枚金牌，并且打破了奥运会纪录，惊人的表现造就了当届奥运会的辉煌，并被人们称为"范尼奥运会"，而她本人也获得了"女欧文斯"和"飞行的家庭主妇"的美名。因为大会规定每人最多只能参加3项个人项目，她不得不放弃了当时由她保持纪录的跳高和跳远的比赛，否则她可能会拿到更多的金牌。1952年，身负病伤的范尼曾再次参加奥运会，终因体力不支而中途退场，但她顽强拼搏的精神给人们留下了深刻的印象，当年她获得了"穆罕穆德·塔赫尔杯"。

退役后，她曾任荷兰国家女子田径队的教练。2004年1月25日在她的家乡，人们为了纪念她而为她立了一座雕像。

俄罗斯首席"体操皇后"

1934年12月27日，拉里莎·拉蒂尼娜出生在俄罗斯赫尔松地区。她自幼接受严格的芭蕾训练，后转向体操。19岁时她考入基辅工学院，曾设想从事工程师或教育家的工作，经过慎重考虑，她决定专心从事体操训练，于是从工学院转入体育学院。一年后，她在意大利世界体操锦标赛上，获团体操比赛金牌。

她几乎拿到了女子体操的所有奖项，是奥运史上夺得奖牌和金牌最多的选手，至今无人能够超越。1956年在墨尔本奥运会上，她击败匈牙利的体操名将阿格奈什·凯莱蒂，夺得4金1银1铜，正式登基"体操皇后"之位。两年后她怀孕上阵，以绝对优势囊括了第14届世界体操锦标赛全能、高低杠、跳马和团体4项冠军。1960年的罗马奥运会，她再次摘得3金2银

1铜。两年后的世锦赛上，她囊括了除平衡木以外的其余全部5块金牌。1964年，她在东京奥运会上，夺得2金2银2铜，并实现了奥运会团体和自由体操的三连冠。此外，在两届欧锦赛（1957年、1961年）上她获得了7枚金牌。

1966年拉蒂尼娜退役。在1967年到1977年间，她担任俄罗斯体操队教练，多次率队出国参赛。1980年莫斯科奥运会上，她担任了体操项目的赛事组织者。

游泳池中的"叛逆女王"

1937年9月4日，道恩·弗雷泽出生于悉尼。她是家里8个孩子中的老小，因为患有先天性哮喘病，她6岁开始学习游泳来改善呼吸道。哮喘病没有让她变得弱不禁风，水中乐趣反而使她爱上了游泳，游泳生涯也从此开始。1955年，18岁的她包揽了澳洲所有自由泳项目的冠军。

1956年，弗雷泽打破了尘封20年之久的女子100米自由泳世界纪录。同年在墨尔本奥运会上，她刷新了自己保持的100米自由泳纪录，获得第一枚奥运金牌。随后，她与队友在4×100米自由泳接力赛中再次夺金。1960年，她在罗马奥运会上蝉联了100米自由泳金牌。而此时，她特立独行的个性也开始显露出来。夺冠后她脱掉了澳大利亚队统一的绿色队服，穿着自己喜欢的白色运动服登上了最高领奖台。两年后，她再次打破100米自由泳的世界纪录，以59秒9的成绩成为首位突破"1分钟大关"的女选手。1964年她又把这一纪录改写为58秒9，并一直保持到1972年。

在1964年东京奥运会前5个月，一场严重的车祸夺走了她母亲的生命，

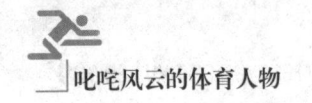

她自己的颈椎也重度受伤,上了6个月的石膏。但她并没有被这场意外击倒,她强制自己克服车祸带给她的阴影和伤痛,投入所有精力准备奥运会的比赛。在东京她创造了奇迹,实现奥运会自由泳比赛的三连冠。而后她退出了泳坛。

1988年她成功当选新南威尔士的议员。2000年当奥运圣火再次来到澳大利亚时,她作为成功的东道主运动员,在悉尼奥运会开幕式上参与火炬传递,并应邀坐在当时的国际奥委会主席萨马兰奇的身旁,再续她与奥林匹克的缘分。

"投掷项目女金刚"

1937年5月10日,塔玛拉·普雷斯生于俄罗斯的哈尔科夫。在她幼年时,父亲就在卫国战争中牺牲,她与母亲、姐姐相依为命,生活得非常艰苦。由于塔玛拉所在的学校离家较远,为了不迟到她每天总是跑步上学。几年下来,她的身体素质增强了,并且逐渐显露出田径才能。

1954年,塔玛拉在全国中学生运动会上获得了铅球冠军,一举成名。她来到列宁格勒,在著名教练阿历克谢耶夫门下接受训练,成绩有了新的突破。1958年在欧洲田径锦标赛上,她以52.32米的优异成绩夺得了女子铁饼冠军。第二年,她又以17.25米的成绩打破女子铅球的世界纪录。

她是奥运史上唯一一个两次蝉联女子铅球冠军的选手。1960年在罗马奥运会上,她获得女子铅球金牌和铁饼银牌。同年,又以57.15米的成绩首次刷新了铁饼的世界纪录。1964年她参加东京奥运会时,已是万众瞩目的"投掷女王"。她毫无悬念地夺得了铁饼和铅球两枚金牌,捍卫了自己在铁饼和铅球领域的霸主地位。

退役后，她获得教育学副博士学位，被授予俄罗斯功勋运动健将称号，并获得列宁勋章。

奥运赛场的"金牌新娘"

1942年5月3日，维拉·恰斯拉夫斯卡出生于布拉格。她从小练习花样滑冰和芭蕾，15岁时转练体操。16岁时，她第一次参加体操世锦赛便取得团体亚军。她优美的动作和高雅的气质为国际体操界带来了一阵清新的气息。

1960年，维拉在罗马首次参加奥运会，虽然无缘个人奖牌，但参加大赛的经验为她后来的取胜奠定了基础。1964年在东京奥运会上，她以黑马的姿态成功地从"体操皇后"拉蒂尼娜手中夺走了女子个人全能、平衡木和跳马3枚金牌，开始了体操的"维拉时代"。

1968年由于当时政治形势的复杂，她备战墨西哥城奥运会之旅充满坎坷，曾一度颠沛流离，只能在深山中训练，幸运的是她最终赶上了奥运会的末班车，并成功卫冕女子全能和跳马冠军。在自由体操的比赛中，她选用了东道主观众耳熟能详的《墨西哥草帽舞曲》作为配乐，舒展优美的表演引起了经久不息的掌声。最终，她与俄罗斯选手并列冠军。另外，她还摘取了高低杠金牌，成为第一个在奥运会个人项目中连续获得4枚金牌的女选手。带着夺金的喜悦，她与相恋多年的男友在墨西哥城就地完婚，成为墨西哥城最美丽的新娘。

退役后，维拉继续从事体育工作。曾任欧洲和国际体操联合会委员。1996年起，她开始担任国际奥委会团结委员会委员，2001年因健康原因

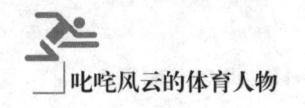

辞职。

花样双人滑"冰舞皇后"

在幼年时，伊琳娜·罗德尼娜一直遭受肺炎的痛苦。5岁那年，父母把她送到了莫斯科的一所花样滑冰学校。她是一个天才的花样滑选手，从1969年到1980年，她参加了所有3届冬奥会和10届世锦赛的双人滑比赛，囊括所有13枚双人滑金牌。在她最出色的时候，似乎谁与她搭档合作，谁就能够成为双人滑比赛金牌中的另一半。然而，罗德尼娜的荣光之路走得并不平坦。她的事业和爱情、喜悦和泪水都与先后伴在她身边的两名男搭档密切相关。

乌兰诺夫是她的第一个搭档，也是她的恋人。从1969年开始，他们就以惊险优美的表演，连续4次在世锦赛中夺冠。1972年，这对冰雪恋人在日本札幌冬奥会上再一次技惊四座，摘冠而归。然而就在这一年，乌兰诺夫爱上了同队的斯米尔诺娃。冬奥会后，伤心欲绝的罗德尼娜同时失去了事业和爱情。

同年，扎伊采夫成为她在冰场上的另一半。共同的事业使他们成了心心相印的恋人。两人的冰上组合延续了俄罗斯对世锦赛冠军的蝉联。1975年，他们步入了婚姻殿堂。当罗德尼娜以最佳状态出现在1976年和1980年的冬奥会时，她行云流水、情真意切的表演，打动了所有在场的观众和裁判，其他选手就只能为亚军而战了。

1980年的冬奥会后，罗德尼娜和扎伊采夫同时退出了冰坛，却没能继续生活在一起。罗德尼娜远赴美国担任双人滑教练。2005年，莫斯科申办

2012年奥运会时，她成为俄罗斯申奥代表团中积极闪亮的明星。

胜率最高的"网球女王"

1954年12月21日，克里斯·埃弗特出生在美国佛罗里达州的劳德代尔堡市。她的父亲是网球教练，家里5个孩子都从小开始接触网球，排行老二的埃弗特是其中最优秀的一个。她5岁开始练球，因为个子太小，没法用单手握拍击反手球，父亲就教她暂时用双手握拍打反手球。而这一举动却改变了整个网球运动，以后许多球员都学她双手反拍的技术。

她是唯一一位在硬地、红土两种场地上夺得单打冠军的女选手。她的单打纪录为1309胜145负，90%的胜率在职业网球史上无人能及。在1971年的美国网球公开赛上，她正式登上了世界网坛的中心舞台。16岁的她连胜数位名将，最终在半决赛中止步于比莉·琼金，而她在比赛中的沉着冷静赢得了"冰美人"的绰号。1974年，她获得法网和温网双料冠军，并且在这一年创造了55连胜的个人纪录。接下来5年，她几乎一直占据着世界排名第一的宝座，以绝对的底线球能力统治了整个女子网坛，冰美人迅速地升级为"网球女王"。1975年，她再次蝉联法网单打冠军，并且夺得了她的第一个美网冠军。

70年代后期，纳芙拉蒂诺娃挑战了她在女子网坛的统治地位，两位高手之间的对决成为网球史上的经典。1985年，在法网公开赛上她战胜纳芙拉蒂诺娃，这是她第5次也是最后一次登上世界排名第一的宝座。第二年，她再次击败纳芙拉蒂诺娃，获得自己的最后一个大满贯赛事冠军。1989年，她宣布退役。1995年，她以全票通过进入网球名人堂。

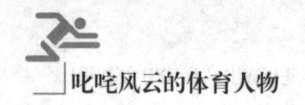

"网坛铁金刚"

1956年10月18日，玛蒂娜·纳芙拉蒂洛娃出生在前捷克斯洛伐克首都布拉格。3岁时父母离异，母亲嫁给网球教练纳芙拉蒂尔，她也随继父姓氏改名为玛蒂娜·纳芙拉蒂洛娃。继父给了她很多指导，尤其是鼓励她在网前积极进攻的打法，对她的球风产生了深刻的影响。8岁时她第一次参赛就打进了半决赛，引起轰动，被当作国家特殊人才培养。

她是世界上首位在4个不同的年代（20世纪70年代、80年代、90年代和21世纪初）都进入世界网坛排名的球员。1973年她排名国家第一，开始职业网球生涯。由于和前捷克斯洛伐克当局关系紧张，1975年她在美网公开赛期间向纽约移民局请求政治避难，获得美国绿卡后前往美国。前捷克斯洛伐克政府封锁了媒体对她的一切报道，她和家人失去联系长达4年之久。初到美国她一度状态不佳，直到1978年她在温网中分别战胜埃弗特和比莉·琼金夺冠，才达到职业生涯的最终突破。1980年比赛的失利和传闻使她再次陷入人生的低谷，为了减轻压力，她毅然向公众承认了同性恋倾向。

1981年，她获得美国国籍，开始了人生和职业的双重转折。1983年，她共获得15次单打冠军和13次双打冠军，全年只输了1场。从1982年到1987年，她与埃弗特在大满贯的决赛上对打10次胜7次。高手之间的竞争使她们的能力都达到了顶点，也成为无法重现的经典，这段时间玛蒂娜成为世界第一。

而后，网坛新星格拉芙的崛起，使玛蒂娜失去世界第一的排名。然而，1990年她以33岁的高龄再夺温网冠军。1992年，36岁的她在巴黎室内冠军赛上战胜了莫尼卡·塞莱斯，成为世界上年纪最大的女子网球运动员。1994年，她宣布退出球坛。2000年她被选入国际网球名人堂。同年，她宣布复出，并一直奋斗至2006年。

跳高史上的传奇人物

1956年5月4日，乌尔里克·迈法特出生于前东德的科隆。她11岁开始田径训练，15岁时就获得全国女子少年跳高冠军。16岁时，她在慕尼黑奥运会上以1.92米的成绩平世界纪录并夺得金牌，成为奥运史上最年轻的女子跳高冠军。成功来得太快，少年得志的她抵挡不住名誉、赞扬以及各种吹捧，开始沉浸在明星梦里，她的辉煌如同昙花一现，在之后的比赛中成绩连连下降。1975年，她高中毕业后没有考取大学，也没有取得蒙特利尔奥运会的参赛权。1977年，因连续成绩不佳，她被国家队除名。

历尽挫折后她终于成熟了，为了重振自我，她来到奥森贝格门下，决定一切从头开始。在奥森贝格的指导和栽培下，迈法特进步飞快。1978年，她跳出了1.96米的好成绩。此时经历过巅峰与低谷磨炼的她已经脱胎换骨，以从容的心态面对这来之不易的成功。此后，她一次次创造新的辉煌。1983年在雅典欧锦赛上，她以2.02米的成绩打破世界纪录，并重新登上世界冠军的宝座。为了这10厘米，她整整奋斗了12个春秋。1983年，她又跳过2.03米，第二次打破世界纪录。1984年的洛杉矶奥运会，技术和心理都已经成熟起来的迈法特稳定地跳出2.02米的成绩，夺冠圆梦。至此，她成为奥运会和世界田径史上经历最曲折、成绩最光辉的运动员。同

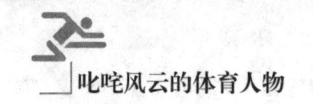

年，被《国际体育通讯》评选为"世界最佳运动员"。

1985年，她正式告别了长达15年之久的竞技体坛。同年，她的《各就位、预备、跑!》一书问世。

短跑王国的"田径女皇"

1957年2月18日，玛丽塔·科赫出生在波罗的海岸的维斯马城。11岁那年，她在学校的"体育日"赛跑中战胜了所有的男孩子，显示出田径运动的天赋。此后，她正式开始田径训练，主攻200米和400米两个项目。经过几年艰苦系统的训练，到中学时她已经成为一名很全面的短跑健将。

1974年，她在全国比赛中取得少年组400米冠军。1976年在蒙特利尔奥运会上，由于赛前脚扭伤，她无缘决赛，这次失败给她留下了一生难以磨灭的印象。她将此次冠军谢文斯卡作为崇拜对象，决定像她那样破纪录、拿世界冠军。从那时开始，她的每一步都坚定地朝这个目标努力。

1978年，她开始向世界田径200米、400米的长久垄断者谢文斯卡发起了挑战，最终将这两项世界纪录统统刷新，开始了"科赫时代"。1979年，她5次刷新世界纪录，甚至在一天之内2次刷新世界纪录。1980年，她夺得莫斯科奥运会400米冠军，这也是她获得的唯一一块奥运会金牌。此后教练对她的训练方法做了改进。1983年，她在赫尔辛基世锦赛上夺得3金1银，成绩超过一人独得3枚金牌的美国超级田径明星卡尔·刘易斯。1985年在堪培拉世界杯400米赛上，她跑出了47秒60，一个后人难以超越的世界纪录。

由于伤病，1987年她宣布退役。之后与教练迈耶尔完婚，并开始向她的另一个最爱——医学进军。

女子短炮的"黑色闪电"

1957年4月15日,伊芙林·阿什福德出生于美国的什里夫波特。小时候,她就把美国的黑人短跑明星鲁道夫当作偶像来崇拜,认为鲁道夫是黑人能力的象征,立志做一个像鲁道夫那样的人。她上小学时,因为身材瘦小,没能引起体育教师的足够重视;但她没有灰心,仍然奔跑在田径场上。高中时,体育老师发现了她的运动天赋,把她选进了田径队,在高中最后一年她成为田径队队长。高中毕业时她获得了加州大学洛杉矶分校奖励给女生的首批运动奖学金,进入加州大学深造,期间她4次赢得全国大学生锦标赛冠军。

在1979年的世锦赛上,她分别战胜了100米和200米短跑世界纪录保持者玛莉斯·格尔和玛丽塔·科赫,赢得冠军,被评选为当年"最佳女运动员"。1980年由于美国抵制莫斯科奥运会,她无缘参赛。但1981年她再次赢得了两项世界锦标赛冠军,并再次被评为年度"最佳女运动员"。1984年在洛杉矶奥运会上,27岁的阿什福德终于在100米比赛中夺得了她的第一枚奥运金牌,随后又带领美国队夺得4×100米接力冠军。同年她在苏黎世创造了10秒76的100米世界纪录。当年,她再次被评为年度"最佳女子运动员"。

在1988年和1992年两届奥运会上,她为美国队4×100米接力夺冠立下了汗马功劳,完成了奥运谢幕演出。1997年,她被选入国家田径名人纪念馆,被称为"最优秀的田径运动员之一"。

完美让电脑失灵的体操公主

1976年7月18日,在蒙特利尔奥运会体操赛场上,一个14岁的小姑娘以无懈可击、完美无缺的高低杠动作震惊了四座,征服了观众和评委,奇迹般地获得了世界体操史上第一个满分——10分,从那天开始全世界都记住了她的名字——纳迪亚·科马内奇。

完美并非与生俱来而是勤奋苦练的结果。科马内奇6岁开始接受体操训练,8岁时首次在全国体操比赛中亮相,就从平衡木上摔下来,教练告诉她:"在胜利之前,必须学会有输的风度。"之后母亲把她的名字改成"纳迪亚",意为希望。10岁以后她每天运动量相当于山地滑雪60—70公里。父亲说,14岁的女儿付出的劳动相当于一个平常人半辈子的劳动量。而后希望终于成为了现实。在以后不到10年的时间里,科马内奇在各种国际比赛中获得了几十个满分、数十枚金牌。

1976年在蒙特利尔奥运会上,科马内奇共获得7次满分10分,创造了奥运体操史上的完美。人们把这个时刻称为"金色时刻",科马内奇则被誉为"奥林匹克体操公主"。有趣的是,由于电脑计分没有设置满分的程序而无法显示10.0的分数,只能以1.0代替。科马内奇的完美表现使得世界体操联合会更改了电脑记分系统。她在每天12小时体操锻炼、4小时学校学习的紧凑时间中,还成功地掌握5种语言(母语、法语、英语、西班牙语和意大利语),是位文武双全的运动名将。1984年,科马内奇为观众做了最后一次表演,之后宣布退役,同年她荣获奥运会最高荣誉——奥运会精神奖,成为该奖项最年轻的得奖人。至今她仍从事着与体育相关的事业。

最具传奇色彩的皮划艇冠军

1962年2月25日，布里吉特·费舍尔生于德国的勃兰登堡。德国是皮划艇强国，从来就不缺少优秀的皮划艇运动员，而老将费舍尔对于德国人来说，却是一个民族英雄式的传奇人物。

她参加奥运会比赛的时间长达24年，夺得12枚奥运会奖牌（8金4银）。1980年，18岁的她夺得了莫斯科奥运会单人皮艇的金牌，成为奥运史上最年轻的皮艇冠军。随后她进入事业鼎盛期，在1981、1982和1983年3届世锦赛上夺得三连冠。但由于前东德的抵制，她缺席了1984年的洛杉矶奥运会，这也使她错过了争夺金牌的机会。1988年，她的奥运夺金之旅得到了延续，她获得了双人和四人皮艇比赛2枚金牌。1992年在巴塞罗那奥运会上，她获得了单人比赛的金牌和四人比赛的银牌。1996年的亚特兰大奥运会，她获得四人比赛的金牌和双人比赛的银牌，在单人比赛中她以0.6秒之差无缘奖牌。2000年悉尼奥运会，她已经38岁高龄，但她仍然拿下了四人比赛和双人比赛的金牌，把自己的奥运金牌数增加到6枚，成为奥运会皮划艇项目上一个不败的女将军。除了奥运会的辉煌战绩，她还拥有21枚世锦赛的金牌。

2001年她宣布退役，德国人在曼海姆宫殿为她举行了盛大的退役仪式。2004年，42岁的费舍尔重出江湖，参加了雅典奥运会，她凭借过硬的技术、丰富的经验和不轻易言败的信念带领队友拼到最后关头，以不到0.02秒的微弱优势赶超了强劲的对手匈牙利队，夺得四人皮艇冠军，而此时距首次夺金已是24年。

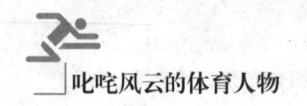

全能项目的"女刘易斯"

杰基·乔伊纳·克西从小弹跳力就很出众，富有运动天赋。上小学时，教练告诉她"国家奥林匹克队有许多短跑、跳远的名将，但是从事全能项目的人却没有几个"。13岁的小乔伊纳决定开始五项全能训练。两年后，她就成为全国少年组五项全能冠军，并连续4年获此殊荣。乔伊纳的跑、跳、投成绩都非常优秀，一些单项成绩达到了世界顶尖水平，是名副其实的女子田径"王中之王"。1980年，乔伊纳考入洛杉矶加州大学，成为校篮球队的主力，逐渐荒废了田径训练。在田径教练鲍博·克西对她体能优势和弱势的客观分析后，她终于又回到了全能的轨道上。

1983年她入选国家田径队。1984年，她获得洛杉矶奥运会女子七项全能银牌，并于第二年被评为"世界最佳田径运动员"。1986年是乔伊纳爱情、事业双丰收的一年，她与教练鲍博·克西喜结连理，又在莫斯科友好运动会上成为田径史上第一个突破7000分的女选手，打破了长期以来由欧洲独霸女子全能项目的局面。1987年，她在世界田径锦标赛上获得七项全能和跳远两枚金牌，并荣获美国奖励优秀运动员的特别大奖——"沙利文奖"。1988年是她运动生涯中最辉煌的一年。在首尔奥运会上，她获得跳远和七项全能两枚金牌，所创下7291分的世界纪录，至今仍无人超越。1992年在巴塞罗奥运会上，她卫冕了七项全能冠军。

1998年她宣布退役，两年后虽短暂复出，但因未获得悉尼奥运会入场券而再次退役。2004年她和乔丹等其他4位美国体育巨星一起入选美国奥运名人堂。

花样单人滑"冰上皇后"

　　1965年11月3日,卡特琳娜·维特出生在前东德卡尔·马克思城。她5岁起练习滑冰,7岁就成为全国少年冠军。10岁时她拜师于滑冰教练尤塔·米勒,专攻花样滑冰。她每天都要进行7个小时以上的练习,刻苦的训练加上对体操、音乐、芭蕾等课程的学习,使她的冰舞技巧和艺术表现力日趋成熟完美。

　　短短几年,维特就成为世界瞩目的冰上明星。1983年,她一举夺得欧洲冠军。1984年冬奥会,她以炉火纯青的技艺稳稳拿住金牌。1986年的欧锦赛,她在《我很惬意》的舞曲中演绎了纯真少女沦为烟花女的痛苦,出神入化的表演再次技压群芳夺得冠军。1988年的冬奥会,她和美国选手黛比·托马斯的在自由滑比赛中上演了经典的"卡门对决",两人被公认是冠军的热门竞争者,恰好她们的自由滑选曲都是经典音乐《卡门》。维特以精美绝伦的舞技和出神入化的表演最终获胜,更加确定了她"冰上皇后"的地位,成为继挪威的冰上传奇女王索尼亚·海妮连夺3届冬奥会金牌后,52年来第一个卫冕成功的女选手。

　　1988年在布达佩斯世锦赛后,她退出冰坛。退役后她在服装设计、撰稿评论、电影表演等舞台展示她的才华和魅力。

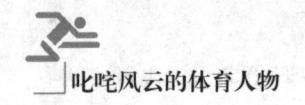

短距离跑与跨栏完美结合的"女飞人"

1966年11月19日，盖尔·德弗斯出生在美国西雅图。她从小喜欢跑步，是100米和200米跨栏项目的天才，获得无数荣誉和冠军头衔。

1988年首尔奥运会前，德弗斯被确诊患有甲状腺功能亢进症。她的健康每况愈下，腿部皮肤多处出现溃烂，指甲脱落，一度在死亡线上挣扎，医生建议她锯掉双腿保命。然而，她却凭借惊人的毅力顽强地战胜了病魔，17个月后重返赛场，开始边治疗边训练；但后遗症逐渐显露出来，她的两脚开始肿胀，甚至脱袜子都会扯下一层皮来，但是她从没放弃过训练。20世纪90年代，她在奥运会和世锦赛等赛事的100米跑和100米栏项目上取得了前所未有的成功，成为享誉世界的"女飞人"。人们最难忘记的是1992年巴塞罗那奥运会100米跨栏决赛那一幕，当时夺冠热门的她被最后一栏绊倒，最终第五个抵达终点。

1998年她因跟腱扭伤暂别田坛，直到1999年才重新参赛，复出后多次在世界级大赛上摘金夺银，成为女子田径短跑项目上的常青树。虽然在2004年的雅典奥运会100米跑和100米跨栏的比赛中颗粒无收，但女飞人的心仍然坚强如钢："在我奋斗过的奥运赛场上，每一次奔跑都是伟大的胜利。"

"泳坛皇后"

1966年2月7日，克里斯汀·奥托出生于前东德莱比锡的知识分子家庭。她9岁开始接受正规训练，11岁进入体校。她的童年是在严格而艰苦的训练生活中度过的，伤病的折磨和进步的喜悦是她成长的印记。父母对她宽和有知的教育，培养了她聪慧理性的头脑和知性开朗的性格。16岁起，她开始参加各种国际大赛，并以大将风度和超群的实力给人们留下了深刻的印象。

1982年，她初次亮相瓜亚基尔世锦赛，夺得3枚金牌。在1986年世锦赛上，她又获得4枚金牌和2枚银牌；同年当选前东德、欧洲和世界最佳女子游泳运动员。然而，正当她走向运动高峰时，一个意外差点葬送了她的前程。1985年，她在训练中颈部神经不幸受伤，"不宜再从事运动"是医生给她的诊断。为了重返泳池，她停训治疗9个月。当她再次畅游在碧波池中，她忘记了所有的疼痛，更加勤奋努力。自此直到退役，她再也没有离开过"泳坛皇后"之位。

1988年首尔奥运会，奥托进入泳坛生涯最高峰，一人连夺6金创纪录，获金牌数为当届参赛运动员之冠，并且成为在一届奥运会上获金牌最多的女选手，无可争议地坐稳"泳坛皇后"之位。被国际奥委会授予当届奥运会最佳运动员称号。1989年，奥托在欧锦赛摘金之后功成身退。退役后，她先后加盟了两家电视台，从事与运动和时尚有关的工作。

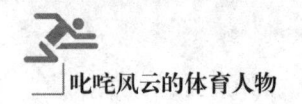

女子网球"金满贯"的唯一得主

1969年6月14日，施特菲·格拉芙出生于德国曼海姆，父母都酷爱网球运动，并经营一个网球俱乐部，全家人的事业、爱好都与网球紧密相关。在父亲指导下，她4岁开始学打球网，6岁便能熟练地击回各种来球，她对网球有着特殊的天赋。12岁时，格拉芙已经成为同龄人中的世界和欧洲双料冠军。

1982年，格拉芙开始职业网球生涯。"世界第一"是她奋斗的目标。为了争当世界第一，她加大了训练强度，一个动作往往要重复上百次。她力争打好每一个球，在发生失误以后，她的态度不是摔拍子，而是聚敛精神，争取打好下一个球。她在艰苦的训练中，顽强地向世界第一的目标冲击。1986年在冰岛希尔顿角网球大奖赛中，她赢得了首个大赛冠军。稍后，在德国网球公开赛决赛上她打破了纳芙拉蒂洛娃"不可战胜"的神话。这一年，格拉芙打了100多场比赛，获胜80多场；年底，她的排名已仅次于纳芙拉蒂洛娃和埃弗特位居第三。1987年在法网公开赛决赛中，她再次险胜纳芙拉蒂洛娃，成为法网公开赛年龄最小的冠军，离世界第一更近了一步。

1988年，格拉芙达到全盛时期，她包揽了四大网球赛冠军，在WTA排行榜上第一，成为名副其实的"网坛女皇"。同年在首尔奥运会上她夺得金牌，成为唯一的金满贯女选手。至此，格拉芙终于圆了"世界第一"的美梦。此后的377周她的霸主地位无人挑战。

1999年，她在法网获得职业生涯的最后一个大满贯；同年，退出职业网坛。2001年，她与美国著名网球选手阿加西结婚。2004年她入选国际网球名人堂。

"体操锦标赛皇后"

1969年4月23日，叶涅娜·舒舒诺娃出生在俄罗斯的列宁格勒。7岁时她入选列宁格勒少年体操训练班。一年后，进入中学成年体操队，受教于维克多·加夫里钦科夫教练。舒舒诺娃对体操很有天分，而且她敢于挑战复杂的高难动作，这为她以后的成功奠定了基础。1983年，她赢得了俄罗斯体操杯冠军，同年入选国家队。

1985年到1988年是她事业的辉煌期。1985年她获得欧洲体操锦标赛个人全能冠军，首次登台便力挫群芳。同年，在世界体操锦标赛上，她以动作难度大、优美惊险、新颖有力而赢得了6个裁判的满分，问鼎个人全能金牌，被称为"锦标赛上的皇后"、"无可争议的冠军"。1986年，她延续了在体操比赛中的主导地位。在北京世界杯上，她和队友包揽了女子比赛的全部金牌，她自己夺得全能、跳马、高低杠、自由体操4块金牌。1987年，她再次蝉联世锦赛冠军，并在当时的世界大学生运动会上夺得女子体操项目的全部金牌。1988年在首尔奥运会上，她获得了全能和团体两项冠军，为她的体操事业画上了圆满的句号。

舒舒诺娃退役后，一直留在俄罗斯为国家体操事业出力。2004年，她入选国际体操名人堂。

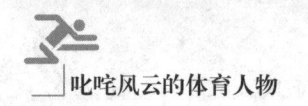

无可争议的"射箭女皇"

　　1971年4月5日，金水宁出生在韩国首尔。11岁那年被教练金正洁发现，开始了射箭生涯。在当时的韩国，一个成熟的射箭选手要经过7年的艰苦训练。金水宁每天至少训练6个小时，要用一张拉力为20公斤的弓射出150支箭，还要进行跑步和臂力练习。5年后她在女子射箭队脱颖而出，开始了自己辉煌的人生。

　　20世纪80年代，韩国的射箭选手在世界上鲜有对手，尤其是女子射手更是所向披靡。1987年，金水宁首次参加国际比赛就创造了新的世界纪录，不久又刷新了自己所创的纪录，开始在世界箭坛扬名。1988年首尔奥运会把射箭列入正式比赛项目，17岁的金水宁在女子射箭个人比赛中战胜同胞王喜敬和尹映淑，摘得首枚奥运会金牌，又与队友合作夺得团体冠军。随后，在1989年和1991年的世锦赛上，她先后夺得个人和团体射箭的4枚金牌。从那时起，在赛场上以独特的八字脚、稳如坚石站立的她被誉为"箭坛女皇"。1992年在巴塞罗那奥运会上，她发挥一般，仅夺得个人银牌和团体冠军。

　　1993年，在人们期待她创造更多奇迹时，21岁的她却退出了箭坛，并于第二年结婚生子。1999年，已经是两个孩子母亲的金水宁复出，获得悉尼奥运会的参赛资格。她在个人比赛中获得铜牌，带领韩国队在团体比赛中轻松夺冠。她的奥运会金牌也增加到4枚，奖牌数达到6枚，从而成为奥运会历史上获得射箭比赛奖牌最多的女选手。

最伟大的长距离游泳女选手

1971年8月28日，埃文斯生于美国加利福尼亚州。她两岁时开始学习游泳，小学毕业后就投入到了艰苦的训练当中。她对自己要求严格，每天都是最早到达训练场地，最后一个出水，训练量远远超过了其他队员。她珍惜每一次竞争的机会，从不把压力当包袱，还主动要求教练为她制订训练目标。

1987年在全美游泳锦标赛上，年仅15岁的埃文斯让尘封7年之久的800米和1500米自由泳世界纪录作古，一举成名。1988年在首尔奥运会上，她夺得400米、800米自由泳和400米个人混合泳3项冠军，并全部打破纪录。凯旋后，她受到里根总统的接见，而当时她只是一名17岁的高中生。此后4年，她几乎垄断了国际游泳赛事中所有400米自由泳的冠军。1990年，她在200米、400米、800米和1500米自由泳4个项目上成绩均列世界第一，被评为当年度世界最佳游泳运动员。1992年的巴塞罗那奥运会，她在400米自由泳比赛首次失手，以30厘米之差败给德国选手哈瑟。随后在800米自由泳中成功卫冕。

1996年在亚特兰大奥运会开幕式上，她作为火炬手将奥运圣火传递给阿里，为她的体育生涯做了完美精彩的谢幕。

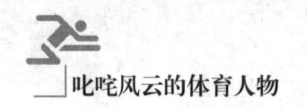

短距离游的"荷兰女飞鱼"

1973年8月24日，因其·德布鲁因出生于荷兰南部的巴伦德萨。她的父母从事游泳和水球运动。小时候，她尝试过很多体育运动项目，7岁正式接受游泳训练。17岁时她在世锦赛上获得团队铜牌，在随后的欧锦赛上获得第一个世界冠军头衔。

1992年，德布鲁因作为泳坛希望之星参加了巴塞罗那奥运会。但她的战绩并不理想，这次失利使她失望至极而暂别游坛。此后8年，她在游泳生涯的黄金期一直处于低迷状态，她也没能获得1996年亚特兰大奥运会的参赛资格。沉寂了8年之后，她终于开始了游泳生涯的破冰之旅。在悉尼奥运会上，她成为女子短道游泳项目夺冠的最大热门，悉尼见证了她厚积薄发的巅峰状态，她获得了50米自由泳、100米自由泳和100米蝶泳3枚金牌，成为女子游泳界的一位传奇人物。随后，她又在2001年和2003年世界游泳锦标赛中夺得金牌。2004年在雅典奥运会上，她在50米自由泳项目上成功卫冕，这也是她的第4枚奥运金牌。

1999年，她当选为欧洲最佳女游泳运动员，2000年和2001年她两次当选国际泳联最佳女运动员。2007年3月，她宣布退出比赛生涯。

"仰泳皇后"

1974年8月16日,艾盖尔塞吉·克里斯蒂娜出生在匈牙利的布达佩斯。她4岁起开始学习游泳,14岁就在奥运会上夺金牌,她在家乡比任何一个小明星都出名。

1988年首尔奥运会,她在200米仰泳中获得自己的首枚奥运金牌,成为世界泳坛的希望之星。而此时她只有14岁、45公斤,比其他参赛选手都要轻近20公斤。1992年巴塞罗那奥运会成为她职业生涯中最辉煌的一页。她蝉联了200米仰泳金牌,又夺取100米仰泳和400米混合泳金牌,成为女子仰泳第一人,并且在400米混合泳中打破了施奈德保持了10年的世界纪录。1996年在亚特兰大奥运会上,她以领先第二名4秒15的绝对优势卫冕200米仰泳的冠军,成为历史上第一位在同一项目上实现奥运三连冠的运动员。虽然她在400米混合泳中只获得铜牌,但是在混合泳的100米仰泳上她只用1分01秒15,这比当届100米仰泳冠军的成绩还要好。她当之无愧地成为"仰泳皇后"。而更为成功的是,她所获得的所有金牌都来自她的个人项目而不是接力赛,这一点至今无人能及。

亚特兰大奥运会后,她退出泳坛。这位匈牙利的"民族英雄"现在是3个孩子的妈妈。2006年1月,她应国际奥委会主席罗格邀请,前往洛桑领取国际奥委会发给她的主席特别奖。

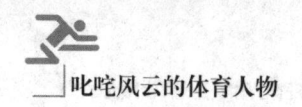

当今世界速度最快的单人航海家

1976年7月8日，艾伦·麦克阿瑟出生在英国。她4岁时随姑妈第一次航行，从此爱上了航海，并且通读了她所能找到的所有航海书籍。13岁时她用积攒了5年的零用钱，为自己买了第一艘小游艇。18岁时她驾驶自己的小船完成了环绕英国的航行，航海生涯从此开始。

她是目前世界上速度最快的单人航海家。1998年至今，她创造了单人环球航海的世界纪录（1998年）和单人连续环球航行的纪录（2005年）。2002年她成为欧米茄名人大使时，已经在帆船界取得了骄人的成绩。2004年，她驾驶着全新的三体船首次全面试航，创造了女子单人横渡的新纪录。2005年，她一举打破由男性保持的帆船环游世界的最快纪录，以71天15小时完成了全程4万多公里的环球壮举，创下了帆船环球航行新的世界纪录，震撼了整个航海界。英国女王伊丽莎白二世亲自册封她为"高级英帝国女勋爵士"，她成为英国有史以来接受这项荣誉的最年轻的女性，并荣获第6届劳伦斯最佳极限运动员奖。2006年在环游亚洲纪录挑战之旅中，她和队友在23天内航行了4505海里，在一个崭新的领域内创造出前所未有的航海神话。

至今，她在大洋中已经航行了24.5万英里，相当于绕地球10周。

体操台上的"冰蝴蝶"和"高低杠女王"

斯维特兰娜·霍尔金娜4岁就开始了体操生涯，曾因为个子过高，一度不被看好。后来她遇到了慧眼教练伯里斯·皮尔金，在别人的争议中，皮尔金教练坚持训练高个子的霍尔金娜。1994年，她初次亮相欧锦赛，获得鞍马和高低杠银牌，这坚定了师徒二人必胜的信念。此后，霍尔金娜进军奖牌的道路就没有停止过。

她参加了1994年到2004年的所有世锦赛和欧锦赛，共获得22金10银5铜。自1995年以来，她一直保持着在大型比赛的高低杠项目上不败的纪录。在体操历史上，从未有一人在一个单项上有过如此辉煌的战绩，这背后是高个子的她付出的更多艰苦训练。

1996年在亚特兰大奥运会上，霍尔金娜以完美的表现获得高低杠冠军。她优雅自信的姿态和完美的表现力打动了全世界，"冰蝴蝶"破茧而出，一个以她的名字命名的女子体操时代开始了。2000年悉尼奥运会，她继续着在高低杠上的统治地位，被誉为"高低杠女王"。由于场地工作人员的失误，她错失了个人全能金牌。2004年的雅典奥运会，霍尔金娜在她从未失手的高低杠上摔了下来，当她重新站起来的时候，用微笑诠释了最后的完美，自此告别体坛。

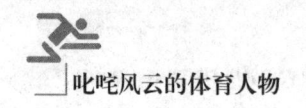

喜欢马术的"瑞士网球公主"

1980年9月30日，玛蒂娜·辛吉斯出生在前捷克斯洛伐克的小城科西奇。她的父母都是网球运动员，又都是当时的网球皇后玛蒂娜·纳芙拉蒂洛娃的球迷，因此将女儿取名为玛蒂娜。受父母影响，她两岁开始打球，4岁参加比赛，6岁时已经能够打败任何9岁以下的对手。7岁时，她随离婚的母亲移居瑞士，开始了辉煌的网球生涯。

1993—1996年，是她网球生涯的早期。1993年，她夺得了法网少年组单打冠军，创造了最年轻的大满贯冠军纪录。1994年，她成为法网、温网少年组双料冠军，在少年组排名世界第一。当年10月，她加入了WTA（国际女子网球协会），正式开始职业生涯。1996年，她在意大利公开赛上击败德国网球女皇格拉芙，声名大振。随后，她与苏科娃合作夺得了温网女双冠军。在当年WTA总决赛上，她再次对阵格拉芙，虽然屈居亚军，但赢得了对手及观众的尊重。

1997—2000年，是她职业生涯的辉煌期。她连续209周占据世界第一的宝座，创造了"辛吉斯时代"。1997年，她在四大满贯赛中全部闯入了决赛，并最终拿下了澳网单打、双打，温网单打和美网单打冠军。1998年，她蝉联了澳网单打冠军，并实现了双打全满贯。1999年，她第三次登顶澳网冠军，并在东京、柏林、圣地亚哥等地公开赛上折桂。

2001—2003年，她因伤几次进、退网坛。2006年，她正式复出后，在澳网公开赛上夺得混双冠军。2007年，她正式退出职业网坛。

世界上腾空最高的"撑竿跳女皇"

从5岁到15岁的10年间，叶莲娜·伊辛巴耶娃一直在家乡的体育馆练习艺术体操。15岁那年，由于身高猛长而忍痛放弃了体操冠军的梦想。在撑竿跳教练叶甫根尼·特罗菲莫夫预言"她能成为女布勃卡"后，她开始向撑竿跳进军，尽管那时她还不知道布勃卡是谁。又一个10年，她伴随着成功与泪水一路走来。

从1998年到2008年，她20次打破世界纪录，成为世界上第一个越过5米大关的女性。1998年她首次亮相国际赛场，越过了4米大关却离奖牌还有10公分之遥。此后，她不断地挑战自己，1厘米1厘米地前行。第二年在世界青年运动会上，她以4.10米的成绩夺得了国际赛事的首枚金牌。2000年她在世青赛上，以4.20米力压群芳夺冠；同年女子撑竿跳高在悉尼奥运会上首次成为正式比赛项目。2001年她又以4.40米的成绩夺得了欧洲青年锦标赛金牌。2002年在欧锦赛上，她以4.55米战胜了自己，却没有战胜对手而屈居亚军，但是她坚信"自己能跳得更高"。

2003年，她创造了自己的第一个世界纪录4.82米，并在翌年的赛事上与竞争对手——同胞费奥法诺娃，展开了相继破纪录的大战。对手的存在使她不断地超越自我，然而伴随竞争而来的敌意也成了残酷的现实。2004年两人频繁互刷纪录，雅典奥运会这种交锋到达了顶点，当费奥法诺娃在4.90米的高度失利后，叶莲娜已成功越过了4.91米，稳获冠军并再次刷新世界纪录。自此，她奠定了在女子撑竿跳项目上的霸主地位。

2008年在北京奥运会的"鸟巢"体育馆，她征服了5.05米的高度，再

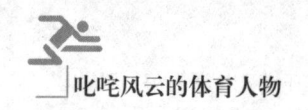

一次向世人展现了她的天分。她说她将来要向5.15米高峰挑战，并计划奋战到2012年奥运会。

实力加时尚的网坛美女

1987年4月19日，玛利亚·莎拉波娃出生在俄罗斯西伯利亚的小城尼尔根。她4岁开始打网球，9岁时便离开家到美国训练。跟所有其他球员一样，她从低级别的赛事起步，14岁开始进军职业网坛。2003年她打入了温网16强，世界排名进入前50。

2004年是她职业生涯辉煌的一年。在温网决赛中，17岁的莎娃击败美国著名球星小威廉姆斯，摘得了首个大满贯桂冠。随后，她又在伯明翰、韩国、日本三站的WTA（国际女子网球协会）巡回赛中夺冠。在年终总决赛上，她再次击败小威夺冠，世界排名进入前五。2005年，她凭借在各项赛事上的出色表现，终于在18岁的秋天登上女网球后的宝座，成为第一位世界排名第一的俄罗斯女选手。2006年她在印第安维尔斯拿下一级赛事的单打冠军，并夺得美网公开赛的单打冠军，成为全世界收入最高的女子运动员。

2007年，她因伤病而陷入事业的低谷。经历整整一年的蛰伏，终于在2008年的澳洲网球公开赛上再次崛起，她先后淘汰达文波特、德门蒂耶娃、海宁等强手，势不可挡地摘下了澳网桂冠。做事要做到最好，是父亲对她的要求，也是她的个性。带着这个信念，她在高手如林的竞争中艰难地挺进成功。她曾经多次表示，不会利用自己的美貌作秀，她更看重的是在球场上的成绩。她一定会要求自己做到最好。